# घुमक्कड़ शास्त्र

# घुमक्कड़ शास्त्र

राहुल सांकृत्यायन

GYAN

*Published by*

Gyan Publishing House
5, Ansari Road
Daryaganj, New Delhi-110002
Phone: 011-47034999, 9811692060
E-mail: books@gyanbooks.com

*Distribution Network*
gyanbooks.com
India, USA, Canada, UK, Australia



ISBN: 978-93-6920-058-0 (PB)

First Published, 1957

2nd Impression 2025

*Printed at:* Gyan Press, Delhi.



**घुमक्कड़ शास्त्र**
Author: राहुल सांकृत्यायन

# घुमक्कड़-शास्त्र

# घुमक्कड़-शास्त्र

राहुल सांकृत्यायन

# प्राक्कथन

"घुमक्कड़ शास्त्र" के लिखने की आवश्यकता मैं बहुत दिनों से अनुभव कर रहा था। मैं समझता हूं और भी समानधर्मा बन्धु इसकी आवश्यकता को महसूस करते रहे होंगे। घुमक्कड़ी का अंकुर पैदा करना इस शास्त्र का काम नहीं, बल्कि जन्मजात अंकुरों की पुष्टि, परिवर्धन तथा मार्ग-प्रदर्शन इस ग्रन्थ का लक्ष्य है। घुमक्कड़ों के लिए उपयोगी सभी बातें सूक्ष्मरूप में यहां आ गई हैं, यह कहना उचित नहीं होगा, किन्तु यदि मेरे घुमक्कड़ मित्र अपनी जिज्ञासाओं और अभिज्ञताओं द्वारा सहायता करें, तो मैं समझता हूं, अगले संस्करण में इसकी कितनी ही कमियां दूर कर दी जायगी।

इस ग्रन्थ के लिखने में जिनका आग्रह और प्रेरणा कारण हुई, उन सबके लिए मैं हार्दिक रूप से कृतज्ञ हूं। श्री महेश जी और श्री शुक्ला परिवार ने अपनी लेखनी द्वारा जिस तत्परता से सहायता की है, उसके लिए उन्हें मैं अपनी और पाठकों की ओर से भी धन्यवाद देना चाहता हूं। उनकी सहायता बिना वर्षों से मस्तिष्क में चक्कर लगाते विचार कागज पर न उतर सकते।

नई दिल्ली

८-८-४६

राहुल सांकृत्यायन

# सूची

एक

# अथातो घुमक्कड़-जिज्ञासा

सस्कृत से ग्रन्थ को शुरू करने के लिए पाठकों को रोष नहीं होना चाहिए। आखिर हम शास्त्र लिखने जा रहे हैं, फिर शास्त्र की परिपाटी को तो मानना ही पड़ेगा। शास्त्रों मे जिज्ञासा ऐसी चीज़ के लिए होनी बतलाई गई है, जोकि श्रेष्ठ तथा व्यक्ति और समाज सबके लिए परम हितकारी हो। व्यास ने अपने शास्त्र मे ब्रह्म को सर्वश्रेष्ठ मानकर उसे जिज्ञासा का विषय बनाया। व्यास-शिष्य जैमिनि ने धर्म को श्रेष्ठ माना। पुराने ऋषियों से मतभेद रखना हमारे लिए पाप की वस्तु नहीं है, आखिर छ शास्त्रों के रचयिता छ आस्तिक ऋषियों में भी आधों ने ब्रह्म को धत्ता बता दिया है। मेरी समझ मे दुनिया की सर्वश्रेष्ठ वस्तु है घुमक्कड़ी। घुमक्कड़ से बढ़कर व्यक्ति और समाज का कोई हित-कारी नही हो सकता। कहा जाता है, ब्रह्म ने सृष्टि को पैदा, धारण और नाश करने का जिम्मा अपने ऊपर लिया है। पैदा करना और नाश करना दूर की बाते हैं, उनकी यथार्थता सिद्ध करने के लिए न प्रत्यक्ष प्रमाण सहायक हो सकता है, न अनुमान ही। हां, दुनिया के धारण की बात तो निश्चय ही न ब्रह्मा केऊपर है, न विष्णु के और न शंकर ही के ऊपर। दुनिया—दुःख में हो चाहे सुख में—सभी समय यदि सहारा पाती है, तो घुमक्कड़ों की ही ओर से। प्राकृतिक आदिम मनुष्य परम घुमक्कड़ था। खेती, बागबानी तथा घर-द्वार से मुक्त वह आकाश के पक्षियों की भाँति पृथिवी पर सदा विचरण करता था, जाड़े मे यदि इस जगह था तो गर्मियों में वहाँ से दो सौ कोस दूर।

आधुनिक काल मे घुमक्कड़ों के काम की बात कहने की आवश्यकता है, क्योंकि लोगो ने घुमक्कडों की कृतियों को चुराके उन्हें गला फाड़-फाड़कर अपने नाम से प्रकाशित किया, जिससे दुनिया जानने लगी कि वस्तुतः तेली के कोल्हू के बैल ही दुनिया में सब कुछ करते हैं। आधुनिक विज्ञान में चार्लस डारविन का स्थान बहुत ऊंचा है। उसने प्राणियो की उत्पत्ति और मानव-वंश के विकास पर ही अद्वितीय खोज नही की, बल्कि सारे ही विज्ञानो को उससे सहायता मिली। कहना चाहिए, कि सभी विज्ञानों को डारविन के प्रकाश में दिशा बदलनी पडी। लेकिन क्या डारविन अपने महान् आविष्कारो को कर सकता था, यदि उसने घुमक्कडी का व्रत नही लिया होता ?

मै मानता हूं, पुस्तके भी कुछ-कुछ घुमक्कडी का रस प्रदान करती हैं. लेकिन जिस तरह फोटो देखकर आप हिमालय के देवदार के गहन वनो और श्वेत हिम-मुकुटित शिखरो के सौन्दर्य, उनके रूप, उनके गंध का अनुभव नहीं कर सकते, उसी तरह यात्रा-कथाओ से आपको उस बूंद से भेंट नहीं हो सकती, जो कि एक घुमक्कड को प्राप्त होती है। अधिक-से-अधिक यात्रा-पाठको के लिए यही कहा जा सकता है, कि दूसरे अन्धों की अपेक्षा उन्हे थोड़ा आलोक मिल जाता है और साथ ही ऐसी प्रेरणा भी मिल सकती है, जो स्थायी नहीं तो कुछ दिनो के लिए उन्हे घुमक्कड बना सकती हैं। घुमक्कड़ क्यो दुनिया की सर्वश्रेष्ठ विभूति है ? इसीलिए कि उसीने आज की दुनिया को बनाया है। यदि आदिम-पुरुष एक जगह नदी या तालाब के किनारे गर्म मुल्क में पडे रहते, तो वह दुनिया को आगे नहीं ले जा सकते थे। आदमी की घुमक्कडी ने बहुत बार खून की नदियाँ बहाई हैं, इसमें संदेह नही, और घुमक्कडों से हम हर्गिज नही चाहेगे कि वह खून के रास्ते को पकड़ें, किन्तु अगर घुमक्कड़ों के काफिले न आते-जाते, तो सुस्त मानव-जातियाँ सो जाती, और पशु से ऊपर नहीं उठ पाती। आदिम घुमक्कडों मे से आर्यों, शको, हूणों ने क्या-क्या किया, अपने खूनी पथों द्वारा मानवता

के पथ को किस तरह प्रशस्त किया, इसे इतिहास में हम उतना स्पष्ट वर्णित नहीं पाते, किन्तु मगोल-घुमक्कड़ो की करामातो को तो हम अच्छी तरह जानते हैं। बारूद, तोप, कागज, छापाखाना, दिग्दर्शक, चश्मा यही चीजे थी, जिन्होंने पच्छिम मे विज्ञान-युग का आरम्भ कराया, और इन चीजो को वहां ले जानेवाले मंगोल घुमक्कड़ थे।

कोलम्बस और वास्को द-गामा दो घुमक्कड ही थे, जिन्होंने पश्चिमी देशो के आगे बढने का रास्ता खोला। अमेरिका अधिकतर निर्जन-सा पडा था। एसिया के कूप-मडूको को घुमक्कड-धर्म की महिमा भूल गई, इसलिए उन्होने अमेरिका पर अपनी झडी नहीं गाडी। दो शताब्दियों पहले तक आस्ट्रेलिया खाली पडा था। चीन और भारत को सभ्यता का बडा गर्व है, लेकिन इनको इतनी अक्ल नही आई, कि जाकर वहां अपना झडा गाड आते। आज अपने ४०-५० करोड की जनसख्या के भार से भारत और चीन की भूमि दबी जा रही है, और आस्ट्रेलिया में एक करोड भी आदमी नहीं हैं। आज एसियायियों के लिए आस्ट्रेलिया का द्वार बन्द है, लेकिन दो सदी पहले वह हमारे हाथ की चीज़ थी। क्यो भारत और चीन आस्ट्रेलिया की अपार संपत्ति और अमित भूमि से वंचित रह गए? इसीलिए कि वह घुमक्कड-धर्म से विमुख थे, उसे भूल चुके थे।

हाँ, मै इसे भूलना ही कहूँगा, क्योंकि किसी समय भारत और चीन ने बड़े-बडे नामी घुमक्कड पैदा किये। वे भारतीय घुमक्कड़ ही थे, जिन्होने दक्षिण-पूरब मे लका, बर्मा, मलाया, यवद्वीप, स्याम, कम्बोज, चम्पा, बोर्नियो और सेलीबीज ही नही, फिलिपाईन तक का धावा मारा था, और एक समय तो जान पडा कि न्यूजीलैंड और आस्ट्रेलिया भी वृहत्तर भारत का अंग बनने वाले हैं; लेकिन कूप-मंडूकता तेरा सत्यानाश हो! इस देश के बुद्धुओं ने उपदेश करना शुरू किया, कि समुन्दर के खारे पानी और हिन्दू-धर्म में बडा वैर है, उसके छूनेमात्र से वह नमक की पुतली की तरह गल जायगा। इतना

बतला देने पर क्या कहने की आवश्यकता है, कि समाज के कल्याण के लिए घुमक्कड-धर्म कितनी आवश्यक चीज है ? जिस जाति या देश ने इस धर्म को अपनाया, वह चारों फलो का भागी हुआ, और जिसने इसे दुराया, उसके लिए नरक मे भी ठिकाना नही। आखिर घुमक्कड-धर्म को भूलने के कारण ही हम सात शताब्दियों तक धक्का खाते रहे, ऐरे गैरे जो भी आये, हमे चार लात लगाते गये।

शायद किसीको सदेह हो कि मैने इस शास्त्र मे जो युक्तियाँ दी है, वह सभी लौकिक तथा शास्त्र-बाह्य है। अच्छा तो धर्म से प्रमाण लीजिए। दुनिया के अधिकांश धर्मनायक घुमक्कड रहे। धर्माचार्यों मे आचार-विचार, बुद्धि और तर्क तथा सहृदयता मे सर्वश्रेष्ठ बुद्ध घुमक्कड़-राज थे। यद्यपि वह भारत से बाहर नही गये, लेकिन वर्षा के तीन मासो को छोडकर एक जगह रहना वह पाप समझते थे। वह अपने ही घुमक्कड नही थे, बल्कि आरम्भ ही मे अपने शिष्यो को उन्होने कहा था—"चरथ भिक्खवे ! चारिकं" जिसका अर्थ है—भिक्षुओ ! घुमक्कड़ी करो। बुद्ध के भिक्षुओं ने अपने गुरू की शिक्षा को कितना माना, क्या इसे बताने की आवश्यकता है ? क्या उन्होंने पश्चिम मे मकदूनिया तथा मिश्र से पूरब मे जापान तक, उत्तर मे मंगोलिया से लेकर दक्षिण मे बाली और बांका के द्वीपो तक को रौंदकर रख नहीं दिया ? जिस बृहत्तर-भारत के लिए हरेक भारतीय को उचित अभिमान है, क्या उसका निर्माण इन्हीं घुमक्कडो की चरण-धूलि ने नही किया ? केवल बुद्ध ने ही अपनी घुमक्कड़ी से प्रेरणा नहीं दी, बल्कि घुमक्कडो का इतना ज़ोर बुद्ध से एक दो शताब्दियो पूर्व भी था, जिसके ही कारण बुद्ध जैसे घुमक्कड़-राज इस देश में पैदा हो सके। उस वक्त पुरुष ही नही, स्त्रियाँ तक जम्बू-वृक्ष की शाखा ले अपनी प्रखर प्रतिभा का जौहर दिखाती, वाद मे कूपमंडूको को पराजित करती सारे भारत मे मुक्त होकर विचरा करती थी।

कोई-कोई महिलाएं पूछती हैं—क्या स्त्रियाँ भी घुमक्कडी कर

सकती हैं, क्या उनको भी इस महाव्रत की दीक्षा लेनी चाहिए ? इसके बारे में तो अलग अध्याय ही लिखा जाने वाला है, किन्तु यहाँ इतना कह देना है, कि घुमक्कड़-धर्म ब्राह्मण-धर्म जैसा संकुचित धर्म नहीं है, जिसमें स्त्रियों के लिए स्थान नही हो। स्त्रियाँ इसमें उतना ही अधिकार रखती हैं, जितना पुरुष। यदि वह जन्म सफल करके व्यक्ति और समाज के लिए कुछ करना चाहती है, तो उन्हें भी दोनों हाथों इस धर्म को स्वीकार करना चाहिए। घुमक्कड़ी-धर्म छुडाने के लिए ही पुरुष ने बहुत से बंधन नारी के रास्ते मे लगाये है। बुद्ध ने सिर्फ पुरुषों के लिए घुमक्कडी करने का आदेश नहीं दिया, बल्कि स्त्रियों के लिए भी उनका वही उपदेश था।

भारत के प्राचीन धर्मों में जैन धर्म भी है। जैन धर्म के प्रतिष्ठापक श्रमण महावीर कौन थे ? वह भी घुमक्कड़-राज थे। घुमक्कड़-धर्म के आचरण मे छोटी-से-बडी तक सभी बाधाओ और उपाधियों को उन्होंने त्याग दिया था—घर-द्वार और नारी-संतान ही नही, वस्त्र का भी वर्जन कर दिया था। "करतलभिक्षा, तरुतल वास" तथा दिग-अम्बर को उन्होने इसीलिए अपनाया था, कि निर्द्वन्द्व विचरण में कोई बाधा न रहे। श्वेताम्बर-बन्धु दिगम्बर कहने के लिए नाराज न हो। वस्तुतः हमारे वैशालिक महान् घुमक्कड़ कुछ बातो मे दिगम्बरों की कल्पना के अनुसार थे और कुछ बातो में श्वेताम्बरो के उल्लेख के अनुसार। लेकिन इसमें तो दोनों सम्प्रदाय और बाहर के मर्मज्ञ भी सहमत है, कि भगवान् महावीर दूसरी तीसरी नहीं, प्रथम श्रेणीके घुमक्कड़ थे। वह आजीवन घूमते ही रहे। वैशाली मे जन्म लेकर विचरण करते ही पावा मे उन्होंने अपना शरीर छोडा। बुद्ध और महावीर से बढ़कर यदि कोई त्याग, तपस्या और सहृदयता का दावा करता है, तो मै उसे केवल दम्भी कहूँगा। आज-कल कुटिया या आश्रम बनाकर तेली के बैल की तरह कोल्हू से बधे कितने ही लोग अपने को अद्वितीय महात्मा कहते हैं या चेलों से कहलवाते हैं; लेकिन मैं, तो कहूँगा, घुमक्कडी को त्यागकर यदि महा-

पुरुष बना जाता, तो फिर ऐसे लोग गली-गली मे देखे जाते। मैं तो जिज्ञासुओ को खबरदार कर देना चाहता हूँ, कि वह ऐसे मुलम्मेवाले महात्माओ और महापुरुषों के फेर से बचे रहें। वे स्वय तेली के बैल तो है ही, दूसरो को भी अपने ही जैसा बना रखेंगे।

बुद्ध और महावीर जैसे सृष्टिकर्त्ता ईश्वर से इनकारी महापुरुषों की घुमक्कडी की बात से यह नहीं मान लेना होगा, कि दूसरे लोग ईश्वर के भरोसे गुफा या कोठरी मे बैठकर सारी सिद्धियां पा गए या पा जाते हैं। यदि ऐसा होता, तो शंकराचार्य, जो साक्षात् ब्रह्मस्वरूप थे, क्यों भारत के चारो कोनों की खाक छानते फिरे ? शकर को शकर किसी ब्रह्म ने नहीं बनाया, उन्हे बड़ा बनाने वाला था यही घुमक्कडी धर्म। शकर बराबर घूमते रहे—आज केरल देश मे थे तो कुछ ही महीने बाद मिथिला मे, और अगले साल काश्मीर या हिमालय के किसी दूसरे भाग मे। शकर तरुणाई मे ही शिवलोक सिधार गए, किंतु थोडे से जीवन मे उन्होंने सिर्फ तीन भाष्य ही नहीं लिखे; बल्कि अपने आचरण से अनुयायियों को वह घुमक्कडी का पाठ पढ़ा गए, कि आज भी उसके पालन करने वाले सैकडो मिलते हैं। वास्को-द-गामा के भारत पहुँचने से बहुत पहिले शकर के शिष्य मास्को और योरुप तक पहुँचे थे। उनके साहसी शिष्य सिर्फ भारत के चार धामो से ही सन्तुष्ट नहीं थे, बल्कि उनमें से कितनो ने जाकर बाकू (रूस) मे धूनी रमाई। एक ने पर्यटन करते हुए वोल्गा तट पर निज्नीनोवोग्राद के महामेले को देखा। फिर क्या था, कुछ समय के लिए वहीं डट गया और उसने ईसाइयो के भीतर कितने ही अनुयायी पैदा कर लिए, जिनकी संख्या भीतर-ही-भीतर बढती इस शताब्दी के आरम्भ मे कुछ लाख तक पहुंच गई थी।

रामानुज, मध्वाचार्य और दूसरे वैष्णवाचार्यों के अनुयायी मुझे क्षमा करे, यदि मैं कहूं कि उन्होने भारत में कूप मंडूकता के प्रचार में बडी सरगर्मी दिखाई। भला हो, रामानन्द और चैतन्य का, जिन्होंने

कि पक से पकज बनकर आदिकाल से चले आते महान् घुमक्कड़ धर्म की फिर से प्रतिष्ठापना की, जिसके फलस्वरूप प्रथम श्रेणी के तो नहीं किंतु द्वितीय श्रेणी के बहुत-से घुमक्कड उनमें भी पैदा हुए। ये बेचारे बाकू की बडी ज्वालामाई तक कैसे जाते, उनके लिए तो मानसरोवर तक पहुँचना भी मुश्किल था। अपने हाथ से खाना बनाना, मांस अडे से छू जाने पर भी धर्म का चला जाना, हाड़-तोड सर्दी के कारण हर लघुशंका के बाद बर्फीले पानी से हाथ धोना और हर महाशका के बाद स्नान करना तो यमराज को निमन्त्रण देना होता, इसीलिए बेचारे फूंक फूंककर ही घुमक्कडी कर सकते थे। इसमे किसे उज्र हो सकता है, कि शैव हो या वैष्णव, वेदान्ती हो या सदान्ती, सभी को आगे बढ़ाया केवल घुमक्कड़-धर्म ने।

महान् घुमक्कड-धर्म, बौद्ध धर्म का भारत से लुप्त होना क्या था, तब से कूप-मंडूकता का हमारे देश मे बोलबाला हो गया। सात शताब्दियाँ बीत गईं, और इन सातो शताब्दियों में दासता और परतन्त्रता हमारे देश मे पैर तोडकर बैठ गई, यह कोई आकस्मिक बात नहीं थी। लेकिन समाज के अगुओ ने चाहे कितना ही कूप-मंडूक बनाना चाहा, लेकिन इस देश मे माई-के-लाल जब-तब पैदा होते रहे, जिन्होंने कर्म-पथ की ओर संकेत किया। हमारे इतिहास में गुरु नानक का समय दूर का नहीं है, लेकिन अपने समय के वह महान् घुमक्कड थे। उन्होंने भारत-भ्रमण को ही पर्याप्त नहीं समझा और ईरान और अरब तक का धावा मारा। घुमक्कडी किसी वडे योग से कम सिद्धिदायिनी नहीं है, और निर्भीक तो वह एक नम्बर का बना देती है। घुमक्कड़ नानक मक्के में जाके काबा की ओर पैर फैलाकर सो गए, मुल्लों मे इतनी सहिष्णुता होती तो आदमी होते। उन्होंने एतराज किया और पैर पकड़के दूसरी ओर करना चाहा। उनको यह देखकर बडा अचरज हुआ कि जिस तरफ घुमक्कड नानक का पैर घूम रहा है, काबा भी उसी ओर चला जा रहा है। यह है चमत्कार! आज के सर्वशक्तिमान, किंतु कोठरी

में बंद महात्माओं में है कोई ऐसा, जो नानक की तरह हिम्मत और चमत्कार दिखलाए ?

दूर शताब्दियो की बात छोड़िए, अभी शताब्दी भी नहीं बीती, इस देश से स्वामी दयानन्द को विदा हुए। स्वामी दयानन्द को ऋषि दयानन्द किसने बनाया ? घुमक्कड़ी धर्म ने। उन्होने भारत के अधिक भागों का भ्रमण किया; पुस्तक लिखते, शास्त्रार्थ करते वह बराबर भ्रमण करते रहे। शास्त्रो को पढ़कर काशी के बड़े-बड़े पंडित महा-मंडूक बनने मे ही सफल होते रहे, इसलिए दयानन्द को मुक्त-बुद्धि और तर्क-प्रधान बनाने का कारण शास्त्रो से अलग कही ढूंढना होगा। और वह है उनका निरन्तर घुमक्कड़ी धर्म का सेवन। उन्होंने समुद्र यात्रा करने, द्वीप-द्वीपांतरो मे जाने के विरुद्ध जितनी थोथी दलीलें दी जाती थीं, सबको चिंदी-चिंदी उड़ा दिया और बतलाया कि मनुष्य स्थावर वृक्ष नहीं है, वह जंगम प्राणी है। चलना मनुष्य का धर्म है, जिसने इसे छोड़ा वह मनुष्य होने का अधिकारी नहीं है।

बीसवीं शताब्दी के भारतीय घुमक्कडो की चर्चा करने की आवश्यकता नही। इतना लिखने से मालूम हो गया होगा कि संसार मे यदि कोई अनादि सनातन धर्म है, तो वह घुमक्कड धर्म है। लेकिन वह संकुचित सम्प्रदाय नहीं है, वह आकाश की तरह महान् है, समुद्र की तरह विशाल है। जिन धर्मों ने अधिक यश और महिमा प्राप्त की है, वह केवल घुमक्कड-धर्म ही के कारण। प्रभु ईसा घुमक्कड थे, उनके अनुयायी भी ऐसे घुमक्कड़ थे, जिन्होंने ईसा के संदेश को दुनिया के कोने-कोने मे पहुँचाया। यहूदी पैगम्बरों ने घुमक्कड़ी धर्म को भुला दिया, जिसका फल शताब्दियों तक उन्हें भोगना पड़ा। उन्होंने अपने जान चूल्हे से सिर निकालना नहीं चाहा। घुमक्कड-धर्म की ऐसी भारी अवहेलना करने वाले की जैसी गति होनी चाहिए वैसी गति उनकी हुई। चूल्हा हाथ से छूट गया और सारी दुनिया मे घुमक्कड़ी करने को मजबूर हुए, जिसने आगे उन्हें मारवाड़ी सेठ बनाया;

या यों कहिये कि घुमक्कडी-धर्म की एक छींट पड जाने से मारवाडी सेठ भारत के यहूदी बन गए। जिसने इस धर्म की अवहेलना, की उसे रक्त के आसू बहाने पडे। अभी इन बेचारों ने बडी कुर्बानी के बाद और दो हजार वर्ष की घुमक्कडी के तजर्बे के बल पर फिर अपना स्थान प्राप्त किया। आशा है स्थान प्राप्त करने से वह चूल्हे मे सिर रखकर बैठने वाले नहीं बनेंगे। अस्तु। सनातन-धर्म से पतित यहूदी जाति को महान् पाप का प्रायश्चित या दण्ड घुमक्कडी के रूप मे भोगना पड़ा, और अब उन्हें पैर रखने का स्थान मिला। आज भारत तना हुआ है। वह यहूदियों की भूमि और राज्य को स्वीकार करने के लिए तैयार नहीं है। जब बडे-बडे स्वीकार कर चुके हैं, तो कितने दिनों तक यह हठधर्मी चलेगी? लेकिन विषयान्तर में न जाकर हमे यह कहना था कि यह घुमक्कडी धर्म है, जिसने यहूदियों को केवल व्यापार-कुशल उद्योग-निष्णात ही नही बनाया, बल्कि विज्ञान, दर्शन, साहित्य, संगीत सभी क्षेत्रों में चमकने का मौका दिया। समझा जाता था कि व्यापारी तथा घुमक्कड़ यहूदी युद्ध-विद्या मे कच्चे निकलेंगे; लेकिन उन्होंने पाँच-पाँच अरबी साम्राज्यों की सारी शेखी को धूल में मिलाकर चारों खाने चित्त कर दिया और सबने नाक रगडकर उनसे शांति की भिक्षा मांगी।

इतना कहने से अब कोई सदेह नहीं रह गया, कि घुमक्कड धर्म से बढकर दुनिया मे धर्म नही है। धर्म भी छोटी बात हैं, उसे घुमक्कड के साथ लगाना "महिमा घटी समुद्र की, रावण बसा पडोस" वाली बात होगी। घुमक्कड होना आदमी के लिए परम सौभाग्य की बात है। यह पन्थ अपने अनुयायी को मरने के बाद किसी काल्पनिक स्वर्ग का प्रलोभन नही देता, इसके लिए तो कह सकते हैं—"क्या खूब सौदा नक्द है, इस हाथ ले इस हाथ दे।" घुमक्कडी वही कर सकता है, जो निश्चित है। किन साधनों से सम्पन्न होकर आदमी घुमक्कड बनने का अधिकारी हो सकता है, यह आगे बतलाया

जायगा, किंतु घुमक्कड़ी के लिए चिंताहीन होना आवश्यक है, और चिंताहीन होने के लिए घुमक्कड़ी भी आवश्यक है। दोनों का अन्योन्याश्रय होना दूषण नहीं भूषण है। घुमक्कड़ी से बढ़कर सुख कहां मिल सकता है? आखिर चिन्ता-हीनता तो सुख का सबसे स्पष्ट रूप है। घुमक्कड़ी में कष्ट भी होते हैं, लेकिन उसे उसी तरह समझिये, जैसे भोजन में मिर्च। मिर्च में यदि कड़वाहट न हो, तो क्या कोई मिर्च-प्रेमी उसमें हाथ भी लगायेगा? वस्तुतः घुमक्कड़ी में कभी-कभी होने वाले कड़वे अनुभव उसके रस को और बढ़ा देते हैं, उसी तरह जैसे काली पृष्ठभूमि में चित्र अधिक खिल उठता है।

व्यक्ति के लिए घुमक्कड़ी से बढ़कर कोई नकद धर्म नहीं है। जाति का भविष्य घुमक्कड़ों पर निर्भर करता है, इसलिए मैं कहूँगा कि हरेक तरुण और तरुणी को घुमक्कड़-व्रत ग्रहण करना चाहिए, इसके विरुद्ध दिये जाने वाले सारे प्रमाणों को झूठ और व्यर्थ का समझना चाहिए। यदि माता-पिता विरोध करते है, तो समझना चाहिए कि वह भी प्रह्लाद के माता-पिता के नवीन संस्करण हैं। यदि हित-बान्धव बाधा उपस्थित करते हैं, तो समझना चाहिए कि वे दिवांध हैं। यदि धर्म-धर्माचार्य कुछ उलटा-सीधा तर्क देते हैं, तो समझ लेना चाहिए कि इन्हीं ढोंगों और ढोंगियों ने संसार को कभी सरल और सच्चे पथ पर चलने नहीं दिया। यदि राज्य और राजसी-नेता अपनी कानूनी रुकावटे डालते हैं, तो हजारों बार की तजर्बा की हुई बात है, कि महानदी के वेग की तरह घुमक्कड़ की गति को रोकनेवाला दुनिया मे कोई पैदा नहीं हुआ। बड़े-बड़े कठोर पहरेवाली राज्य-सीमाओं को घुमक्कड़ों ने आंख में धूल झोंककर पार कर लिया। मैंने स्वयं ऐसा एक से अधिक बार किया है। (पहली तिब्बत यात्रा में अंग्रेजों, नेपाल-राज्य और तिब्बत के सीमा-रक्षकों की आंख में धूल झोंककर जाना पड़ा था।)

संक्षेप मे हम यह कह सकते हैं, कि यदि कोई तरुण-तरुणी घुम-

क्कड धर्म की दीक्षा लेता है—यह मै अवश्य कहूँगा, कि यह दीक्षा वही ले सकता है, जिसमे बहुत भारी मात्रा में हर तरह का साहस है—तो उसे किसीकी बात नहीं सुननी चाहिए, न माता के आंसू बहने की परवाह करनी चाहिए, न पिता के भय और उदास होने की, न भूल से विवाह लाई अपनी पत्नी के रोने-धोने की फिक्र करनी चाहिए और न किसी तरुणी को अभागे पति के कलपने की। बस शंकराचार्य के शब्दो मे यही समझना चाहिए—"निस्त्रैगुण्ये पथि विचरत: को विधिः को निषेध." और मेरे गुरु कपोतराज के वचन को अपना पथप्रदर्शक बनाना चाहिए—

"सैर कर दुनिया की गाफिल, जिन्दगानी फिर कहां ?
जिन्दगी गर कुछ रही तो नौजवानी फिर कहां ?"

दुनिया में मानुष-जन्म एक ही बार होता है और जवानी भी केवल एक ही बार आती है। साहसी और मनस्वी तरुण तरुणियो को इस अवसर से हाथ नही धोना चाहिए। कमर बांध लो भावी घुमक्कडो ! संसार तुम्हारे स्वागत के लिए बेकरार है।

दो

# जंजाल तोड़ो

दुनिया-भर के साधुओं-संन्यासियों ने "गृहकारज नाना जजाला" कह उसे तोडकर बाहर आने की शिक्षा दी है। यदि घुमक्कड के लिए भी उसका तोड़ना आवश्यक है, तो यह न समझना चाहिए कि घुमक्कड़ का ध्येय भी आत्म-सम्मोह या परवचना है। घुमक्कड-शास्त्र मे जो भी बाते कही जा रही हैं, वह प्रथम या अधिक-से-अधिक द्वितीय श्रेणी के घुमक्कड़ों के लिए हैं। इसका मतलब यह नहीं, कि यदि प्रथम और द्वितीय श्रेणी का घुमक्कड नहीं हुआ जा सकता तो उस मार्ग पर पैर रखना ही नही चाहिए। वैसे तो गीता को बहुत कुछ नई बोतल मे पुरानी शराब और दर्शन तथा उच्च धर्माचार के नाम पर लोगो को पथभ्रष्ट करने में ही सफलता मिली है, किन्तु उसमें कोई-कोई बात सच्ची भी निकल आती है। "न चैकमपि सत्यं स्यात् पुरुपे बहुभाषिणि" (बहुत बोलने वाले आदमी की एकाध बात सच्ची भी हो जाती है) यह बात गीता पर लागू समझनी चाहिए, और वह सच्ची बात है—

"मनुष्याणां सहस्रेषु कश्चिद् यतति सिद्धये।"

इसलिए प्रथम श्रेणी के एक घुमक्कड को पैदा करने के लिए हजार द्वितीय श्रेणी के घुमक्कडो की आवश्यकता होगी। द्वितीय श्रेणी के एक घुमक्कड के लिए हजार तृतीय श्रेणी के। इस प्रकार घुमक्कडी के मार्ग पर जब लाखो की सख्या में लोग चलेंगे तो कोई-कोई उनमे आदर्श घुमक्कड़ बन सकेंगे।

हाँ, तो घुमक्कड़ के लिए जंजाल तोड़कर बाहर आना पहली आवश्यकता है। कौनसा तरुण है, जिसे आँख खुलने के समय से दुनिया घूमने की इच्छा न हुई हो। मैं समझता हूं, जिनकी नसों में गरम खून है, उनमें कम ही ऐसे होंगे, जिन्होंने किसी समय घर की चाहार-दीवारी तोड़कर बाहर निकलने की इच्छा नही की हो। उनके रास्ते में बाधाएं जरूर हैं। बाहरी दुनिया से अधिक बाधाएं आदमी के दिल में होती हैं। तरुण अपने गांव या मुहल्ले की याद करके रोने लगते हैं, वह अपने परिचित घरों और दीवारों, गलियों और सड़कों, नदियों और तालाबों को नजर से दूर करने में बड़ी उदासी अनुभव करने लगते हैं। घुमक्कड़ होने का यह अर्थ नहीं कि अपनी जन्मभूमि से उसका प्रेम न हो। "जन्मभूमि मम पुरी सुहावनि" बिलकुल ठीक बात है। बल्कि जन्मभूमि का प्रेम और सम्मान पूरी तरह से तभी किया जा सकता है, जब आदमी उससे दूर हो। तभी उसका सुन्दर चित्र मानसपटल पर आता है, और हृदय तरह-तरह के मधुर भावों से ओत-प्रोत हो जाता है। विघ्नबाधा का भय न रहने पर घुमक्कड़ पांच-दस साल बाद उसे देख आए, अपने पुराने मित्रों से मिल आए, यह कोई बुरी बात नही है, लेकिन प्रेम का अर्थ उसे गांठ बांध करके रखना नहीं है। आखिर घुमक्कड़ी जीवन में आदमी जितना दूर-दूर जाता है, उसके हित-मित्रों की संख्या भी उसी तरह बढ़ती है। सभी जगह स्नेह और प्रेम के धागे उसे बांधने की तैयारी करते हैं। यदि ऐसे फंदे में वह फंसना चाहे, तो भी कैसे सबकी इच्छा को पूरा कर सकता है? जिस भूमि, गांव या शहर ने हमें जन्म दिया है, उसे शत-शत प्रणाम है; उसकी मधुर स्मृति हमारे लिए प्रियतम निधि है, इसमें कोई सन्देह नहीं। लेकिन, यदि वह भूमि पैरों को पकड़कर हमें जंगम से स्थावर बनाना चाहे तो यह बुरी बात है। मनुष्य से पशु ही नहीं बल्कि एकाएक वनस्पति जाति में पतन—यह मनुष्य के लिए स्पृहणीय नहीं हो सकता। हरेक मनुष्य का जन्म-स्थान के प्रति

एक कर्त्तव्य है, जो मन में उसकी मधुर स्मृति और कार्य से कृतज्ञता प्रकट कर देने मात्र से पूरा हो जाता है।

माता—घुमक्कड़ी का अंकुर किस आयु में उद्भूत होता है, किस आयु में वह परिपूर्णता को प्राप्त होता है, किस समय अभिनिष्क्रमण करना चाहिए, यह किसी अगले अध्याय का विषय है। लेकिन जंजाल तोड़ने की बात कहते हुए भी यह बतला देना है, कि भावी घुमक्कड़ के तरुण-हृदय और मस्तिष्क को बंधन में रखने में किनका अधिक हाथ है। शत्रु आदमी को बांध नहीं सकता और न उदासीन व्यक्ति ही। सबसे कड़ा बंधन होता है स्नेह का, और स्नेह में यदि निरीहता सम्मिलित हो जाती है, तो वह और भी मजबूत हो जाता है। घुमक्कड़ों के तजर्बे से मालूम है, कि यदि वह अपनी मां के स्नेह और आँसुओं की चिन्ता करते, तो उनमें से एक भी घर से बाहर नहीं निकल सकता था। १९-२० वर्ष की आयु के तरुण-जन के सामने ऐसी युक्तियां दी जाती हैं, जो देखने में अकाट्य-सी मालूम होती है—"तुम कैसे कठोर हृदय हो? माता के हृदय की ओर नहीं देखते? उसकी सारी आशाएं तुम्हीं पर केन्द्रित है। जिसने नौ महीने कोख मे रखा, अपने गीले मे रह तुम्हें सूखे मे सुलाया, वह माँ तुम्हारे चले जाने पर रो-रो के अन्धी हो जायगी। तुम ही एक उसके अवलम्ब हो।" यह तर्क और उपदेश घुमक्कड़ के संकल्प तथा उत्साह पर हजारों घड़े पानी ही नही डाल देते, बल्कि उससे भी अधिक माँ की यहाँ वर्णित अवस्था उसके मन को निर्बल कर देती है। माता का स्नेह बड़ी अच्छी चीज है; अच्छी ही नही कह सकते हैं, उससे मधुर, सुन्दर और पवित्र स्नेह और सम्बध हो ही नही सकता. मां के उपकार सचमुच ही चुकाए नही जा सकते। किन्तु उनके चुकाने का यह ढग नहीं है, कि तरुण पुत्र मां के अंचले मे बैठ जाय, फिर कोख में प्रवेश कर पांच महीने का गर्भ बन जाय। माँ के सारे उपकारों का प्रत्युपकार यही हो सकता है, कि पुत्र अपनी मां के नाम को उज्वल करे, अपनी उज्वल कृतियों और कीर्ति से उसका नाम चिरस्थायी करे। घुम-

क्कड़ ऐसा कर सकता है। कई माताएं अपने यशस्वी घुमक्कड़ पुत्रों के कारण अमर हो गईं, घुमक्कड़-राज बुद्ध के "मायादेवी सुत" के नाम ने अपनी माता माया को अमर किया। सुवर्णाक्षी-पुत्र अश्वघोष ने पूर्व भारत से गंधार तक घूमते, अपने काव्य और ज्ञान से लोगों के हृदयों को पुलकित, आलोकित करते साकेतवासिनी माता सुवर्णाक्षी का नाम अमर किया। माताएं क्षुद्र तथा तुरन्त के स्वार्थ के कारण अपने भावी घुमक्कड़ पुत्र को नहीं समझ पातीं और चाहती हैं कि वह जन्म-कोठरी में, कम-से कम उसकी जिन्दगी-भर, बैठा रहे। साधारण अशिक्षित माता ही नहीं, शिक्षित माताएं भी इस बारे में बहुधा अपने को मूढ़ सिद्ध करती हैं, और घुमक्कड़ी यज्ञ में बाधा बनती हैं। जो माताएं कुछ भी समझने की शक्ति नहीं रखतीं, उनके पुत्रों से इतना ही कहना है, कि आंख मूंद कर, आँख बचा कर घर से निकल पड़ो। पहला घाव पीड़ाप्रद होता है, मां को जरूर दर्द होगा; लेकिन सारे जीवन-भर माताएं रोती नहीं रहतीं। कुछ दिन रो-धोकर अपने ही आंखों के आंसू सूख जायगे, नेत्रों पर चढ़ी लाली दूर हो जायगी। अगर मां के पास एक से अधिक सन्तान है, तो वह दर्द और भी सह्य हो जायगा। सचमुच जो भावी घुमक्कड़ एकपुत्रा माँ के बेटे नहो है, उनको तो कुछ सोचना ही नहीं चाहिए। भला दो अंगुल तक ही देखने वाली मां को कैसे समझाया जा सकता है?

शिक्षिता माताएं भी अधीर देखी जाती हैं। एक माँ का लड़का मेट्रिक परीक्षा देकर घर से भाग गया। दो-तीन वर्ष से उसका पता नहीं है। माता यह कहकर मेरी सहानुभूति प्राप्त करना चाहती थी—"हम कितनी अच्छी तरह से उन्हें घर में रखती है, फिर भी यह लड़के हमें दुःख दे कर भाग जाते हैं!" मैंने घुमक्कड़-पुत्र की माता होने के लिए उन्हें बधाई दी—"पुत्रवती युवती जग सोई, जाकर पुत्र घुमक्कड़ होई। आपकी छत्रछाया से दूर होने पर अब वह एक स्वावलम्बी पुरुष की तरह कहीं विचर रहा होगा। आपके तीन और बच्चे हैं। पति-पत्नी ने दो

की जगह तीन व्यक्ति हमारे देश को दिये हैं। यह एक ही पीढी में डेढ़ गुनी जनसंख्या की वृद्धि! सोचिए सूद-दर-सूद के साथ पीढियों तक यदि यही बात रही, तो क्या भारत मे पैर रखने का भी ठौर रह जायगा?" मेरे तर्क को सुनकर महिला ने बाहर से तो क्षोभ नही प्रकट किया, यह उनकी भलमनसाहत समझिए, लेकिन उनको मेरी बाते अच्छी नही लगीं। अशिक्षिता माता "घुमक्कड-शास्त्र" को क्या जानेगी? लेकिन, मुझे विश्वास है, शिक्षित-माताएं इसे पढकर मुझे कोसेगी, शाप देगी, नरक और कहां कहां भेजेगी। मैं उनके सभी शापो और दुर्वचनो को सिर-माथे रखने के लिए तैयार हूँ। मैं चाहता हूँ, इस शास्त्र को पढकर वर्तमान शताब्दी के अन्त तक कम-से-कम एक करोड माताएं अपने लालो से वंचित हो जायं। इसके लिए जो भी पाप हो, प्रभु मसीह की भांति उसको सिर पर उठाकर मैं सूली पर चढने के लिए तैयार हूँ।

माता यदि शिक्षिता ही नही समझदार भी है, तो उसे समझना चाहिए, कि पुत्र को घुटने चलने से पैरों पर चलने तक सिखला देने के बाद वह अपने कर्त्तव्य का पालन कर लेती है। चिड़ियां अपने बच्चों को अंडे से बाहर कर पंख जमने के समय तक की जिम्मेवार होती हैं, उसके बाद पक्षिशावक अपने ही विस्तृत दुनिया की उड़ान करने लगता है। कुछ माताएं समझती हैं कि १९-१६ वर्ष का बच्चा कैसे अपने पैरों पर खड़ा हो सकता है। उनको यह मालूम नही है कि मनुष्य के बच्चे के पास पक्षियों की अपेक्षा और भी अधिक साधन हैं। जाड़ों में साइबेरिया से हमारे यहाँ आई लालसर और कितनी ही दूसरी चिड़ियां अप्रैल में हिमालय की ओर लौटती दिखायी देती हैं। गर्मियो मे तिब्बत के सरोवर वाले पहाडों पर वे अडे देती हैं। इन अंडों को खाने का इस शरीर को भी सौभाग्य हुआ है। अड बच्चो मे परिणत होते हैं। सयाने होने पर कितनी ही बार देखा जाता है, कि नये बच्चे अलग ही जमात बना कर उड़ते हैं। ये बच्चे बिना देखे मार्ग से नैसर्गिक बुद्धि के बल पर गर्मियों में उत्तराखंड मे उड़ते बैकाल सरोवर तक पहुंचते हैं, और जब

वहाँ तापमान गिरने लगता है, हिमपात होना चाहता है, तो वह फिर अनदेखे रास्ते अनदेखे देश भारत की ओर उड़ते, रास्ते मे ठहरते, यहां पहुंच जाते हैं। स्वावलम्बन ने ही उन्हें यह सारी शक्ति दी है। मनुष्य मे परावलम्बी बनने की जो प्रवृत्ति शिक्षिता माता जागृत करना चाहती है, मैं समझता हूँ उसकी शिक्षा बेकार है—

"धिक् तां च तं च"

अगर वह अच्छी माता है, दूरदर्शी माता है, तो उसको मूढ़माता न बन समझदार माता बनना चाहिए। जिस लड़के मे घुमक्कड़ी का अंकुर दीख पड़े, उसे प्रोत्साहित करना चाहिए। घूमने की रुचि देख कर उसे क्षमता के अनुसार दो चार सौ रुपये देकर कहना चाहिए—"बेटा, जा, दो-चार महीने सारे भारत की सैर कर आ"। मैं समझता हूं, ऐसा करके वह फायदे मे ही रहेगी। यदि उसका लड़का घुमक्कड़ी के योग्य नहीं है, तो घूम-फिरकर अपने खूंटे पर आ खड़ा हो जायगा, उसकी झूठी प्यास बुझ जायगी। यदि घुमक्कड़ी का बीज सचमुच ही उसमे है, तो वह ऐसी माता का दर्शन करने से कभी नही कतरायगा, क्योंकि वह जानता है कि, उसकी माता कभी बंधन नहीं बनेगी। माता को यह भी सोचना चाहिए, कि तरुणाई मे एक महान् उद्देश्य के लिए जिस सन्तान के प्रयाण करने में वह बाधक हो रही है, वही पुत्र बड़ा होने पर पत्नी के घर आने तथा कुछ सन्तानो के हो जाने पर, क्या विश्वास है, माता के प्रति वही भाव रखेगा। सास-बहू का झगड़ा और पुत्र का बहू के पक्ष में होना कितना देखा जाता है? माता के लिए यही अच्छा है कि पुत्र के साधु-संकल्प मे बाधक न हो, पुत्र के लिए यही अच्छा है, कि दुराग्रही मूढ माता का बिलकुल ख्याल न करके अपने को महान् पथ पर डाल दे।

पिता—माता के बाद पिता घुमक्कड़ी संकल्प के तोड़ने का सबसे अधिक प्रयत्न करते हैं। यदि लड़का छोटा अर्थात् १५-१६ वर्ष से कम का है, तो वह उसे छोटे-मोटे साहस करने पर डंडे के सहारे ठीक

करना चाहते हैं । घुमक्कडी का अकुर क्या डडे से पीटकर नष्ट किया जा सकता है ? कभी कोई पिता ताडना के बल पर सफल नहीं हुआ, तो भी नये पिता उसी हथियार को इस्तेमाल करते हैं । घुमक्कड़ तरुण के लिए अच्छा भी है, क्योंकि वह ऐसे पिता के प्रति अपनी सद्‌भावना को खो बैठता है और आंख बचाकर निकल भागने में सफल होते ही उसे भूल जाता है । लेकिन सभी पिता ऐसे मूढ़ नहीं होते, मूढ़ भी दण्ड का प्रयोग पन्द्रह ही वर्ष तक करते हैं । उन्होंने शायद नीति-शास्त्र में पढ़ लिया होता है—

"लालयेत् पंच वर्षाणि दश वर्षाणि ताडयेत् ।
प्राप्ते तु षोडशे वर्षे पुत्रे मित्रत्वमाचरेत् ॥"

पुत्र के भागने पर खोजने की दौड-धूप पिता के ऊपर होती है, मां बेचारी तो घर के भीतर ही रोती-धोती रह जाती है। कुछ चिन्ताएं माता-पिता की समान होती हैं । चाहे और पुत्र मौजूद हों, तब भी एक पुत्र के भागने पर पिता समझता है, वंश निर्वंश हो जायगा, हमारा नाम नही चलेगा । वंश-निर्वंश की बात देखनी है तो कोई भी व्यक्ति अपने गोत्र और जाति की सख्या गिन के देख ले, संख्या लाखों पर पहुंचेगी। सौ-पचास लोगों ने यदि अपना वश न चला पाया, तो वश-निर्वंश की बात कहाँ आती है ? पुत्र के भाग जाने, सतति वृद्धि न करने पर नाम बुझ जायगा, यह भली कही। मैंने तो अच्छे पढ़े-लिखे लोगों से पूछ कर देखा है, कोई परदादा के पिता का नाम नहीं बतला सकता । जब लोग अपनी चौथी पीढ़ी का नाम भूल जाते हैं, तो नाम चलाने की बात मूढ़-धारणा नहीं तो क्या है ? पुराने जमाने मे "अपुत्रस्य गतिर्नास्ति" भले ही ठीक रही हो, क्योंकि दो हजार वर्ष पहले हमारे देश मे जंगल अधिक थे, आबादी कम थी, जंगल में हिंस्र पशु भरे हुए थे। उस समय मनुष्यों की कोशिश यही होती थी, कि हम बहुत हो जायं, संख्या-बल से शत्रुओं को दबा सकें, अधिक भोग-सामग्री उपजा सकें। लेकिन आज संख्या-बल देश में इतना है कि और अधिक बढने पर

हमारे लिए वह काल होने जा रहा है। सोचिए, १६४६ में हमारे यहाँ के लोगो को रूखा-सूखा खाना देने के लिए भी ४० लाख टन अनाज बाहर से मंगाने की आवश्यकता है। अभी तक तो लड़ाई के वक्त जमा हो गए पौंड और कुछ इधर-उधर करके पैसा दे अन्न खरीदते-मगाते रहे, लेकिन अब यदि अनाज की उपज देश मे नहीं बढाते, तो पैसे के अभाव मे बाहर से अन्न नही आयगा, फिर हम लाखों की संख्या मे कुत्तो की मौत मरेंगे। एक तरफ यह भारी जनसख्या परेशानी का कारण है, ऊपर से हर साल पचास लाख मुंह और बढ़ते—सूद-पर-सूद के साथ बढ़ते—जा रहे हैं। इस समय तो कहना चाहिए—"सपुत्रस्य गतिर्नास्ति"। आज जितने नर-नारी नया मुह लाने से हाथ खींचते हैं, वह सभी परम पुण्य के भागी हैं। पुण्य पर विश्वास न हो तो श्रद्धा-सम्मान के भागी हैं। वह देश का भार उतारते हैं। हमें आशा है, समझदार पिता पुत्रोत्पत्ति करके पितृऋण से उऋण होने की कोशिश नही करेंगे। उन्हे पिंडदान के बिना नरक में जाने की चिन्ता नहीं करनी चाहिए, क्योंकि स्वर्ग-नरक जिस सुमेरु-पर्वत के शिखर और पाताल मे थे, आज के भूगोल ने उस भूगोल ही को झूठा साबित कर दिया है। उनको यदि यश और नाम का ख्याल है, तो हो सकता है उनका घुमक्कड पुत्र उसे देने मे समर्थ हो। पिता का प्रेम और उसके प्रति श्रद्धा सदा उनके पास रहने से ही नही होती, बल्कि सदा पिता के साथ रहने पर तो पिता-पुत्र का मधुर सबंध फीका होते-होते कितनी ही वार कटु रुप धारण कर लेता है। पिता के लिए यही अच्छा है कि पुत्र के संकल्प मे बाधक न हो, और न बुढापे की बडी-बडी आशाओं के विफल होने के ख्याल से हाय-तोबा करे। आखिर तरुण पुत्र भी मर जाते हैं, तब पिता को कैसे सहारा मिलता है? महान् लक्ष्य को लेकर चलने वाले पुत्र को दुराग्रही पिता की कोई पर्वाह नही करनी चाहिए और सब छोडकर घर से भाग जाना चाहिए।

घुमक्कड़ी के पथ पर पैर रखने वालो के सामने का जंजाल इतने

तक ही सीमित नही है। शारदा-कानून के बनने पर भी उसे ताक पर रखकर लोगो ने अपने बच्चो का व्याह किया है। कभी-कभी ऐसा भी देखने मे आयगा, कि १५-१६ वर्ष का घुमक्कड़ जब अपने पथ पर पैर रखना चाहता है, तो उसके पैरो मे किसी लडकी की बेडी बांध रखी गई होती है। ऐसी गैरकानूनी बेड़ी को तोड फेंकने का हरेक को अधिकार है। फिर लोगों का कहना बकवास है—"तुम्हारे चले जाने पर स्त्री क्या करेगी?" हमारे नये संविधान से २१ वर्ष के बाद आदमी को मत देने का अधिकार माना गया है, अर्थात् २१ वर्ष से पहले तक अपने भले-बुरे की बात वह नही समझता, न अपनी जिम्मेवारी को ठीक से पहचान सकता है। जब यह बात है, तो २१ साल से पहले तरुण या तरुणी पर उसके व्याह की जिम्मेवारी नहीं होती। ऐसे व्याह को न्याय और बुद्धि गैरकानूनी मानती है। तरुण या तरुणी को ऐसे बंधन की जरा भी पर्वाह नहीं करनी चाहिए। यह कहने पर फिर कहा जायगा—"जिम्मेवारी न सही, लेकिन अब तो वह तुम्हारे साथ बंध गई है, तुम्हारे छोड़ने पर किस घाट लगेगी?" यह फदा भारी है, यहां मस्तिष्क से नही दिल से अपील की जा रही है। दया दिखलाने के लिए मक्खी की तरह गुड पर बैठकर सदा के लिए पंखों को कटवा दो। दुनिया मे दुःख है, चिन्ताए हैं, उन्हें जड़ से न काट कर पत्तो मे पानी डाल वृक्ष को हरा नही किया जा सकता। यदि सयानो ने जिम्मेवारी नही समझी और एक अबोध व्यक्ति को फंदे मे फंसा दिया, तो यह आशा रखनी कहा तक उचित है, कि शिकार फदे को उसी तरह पैर मे डाले पड़ा रहेगा। घुमक्कड यदि ऐसी मिथ्या परिणीता को छोडता है, तो वह घर और संपत्ति को तो कंधे पर उठाये नही ले जाता। जिसने अपनी लडकी दी है, उसने पहले व्यक्ति का नही, घर का ख्याल करके ही व्याह किया था। घर वहां मौजूद है, रहे वहां पर। यदि वह समझती है, कि उस पर अन्याय हुआ है, तो समाज से बदला लेती; वह अपना रास्ता लेने के लिए स्वतन्त्र है। ऐसे समय पुराने समय मे

विवाह-विच्छेद का नियम था, पति के गुम होने के तीन वर्ष बाद स्त्री फिर से विवाह कर सकती थी. आज भी सत्तर सैकड़ा हिन्दू करते हैं। हिन्दू-कोड-बिल मे यह बात रखी गई है, जिस पर सारे पुरान-पन्थी हाय-तोबा मचा रहे है। अच्छी बात है, विवाह-विच्छेद न माना जाय, घर मे ही बैठा रखो। करोड़ो की संख्या मे वयस्क विधवाएं मौजूद ही हैं, यदि घुमक्कड़ो के कारण कुछ हजार और बढ जाती हैं, तो कौनसा आसमान टूट जायगा ? बल्कि उससे तो कहना होगा, कि विधवा के रूप में या परिव्रजित की स्त्री के रूप में जितनी ही अधिक स्त्रियां सन्तान-वृद्धि रोके, उतना ही देश का कल्याण है। घुमक्कड़ होश या बेहोश किसी अवस्था मे भी ब्याही पत्नी को छोड़ जाता है, तो उससे राष्ट्रीय दृष्टि से कोई हानि नही बल्कि लाभ है।

पत्नी से प्रेम रहने पर दुविधा मे पड़े घुमक्कड़ तरुण के मन मे ख्याल आ सकता है—अखण्ड ब्रह्मचर्य के द्वारा सूर्यमंडल बेधकर ब्रह्मलोक जीतने का मेरा मसूबा नहीं, फिर ऐसी प्रिया पत्नी को छोड़ने से क्या फायदा ? इसका अर्थ हुआ—न छोड़ने मे फायदा होगा। विशेष अवस्था में चतुष्पाद होना—स्त्री-पुरुष का साँथ रहना—घुमक्कड़ी मे भारी बाधा नही उपस्थित करता, लेकिन मुश्किल है कि आप चतुष्पाद तक ही अपने को सीमित नहीं रख सकते चतुष्पाद से, षटपद्, अष्टापद और बहुपद तक पहुँच कर रहेंगे। हाँ, यदि घुमक्कड़ की पत्नी भी सौभाग्य से उन्ही भावनाओं को रखती है, दोनो पुत्रैषणा से विरत है, तो मैं कहूंगा—"कोई पर्वाह नही, एक न शुद, दो शुद।" लेकिन अब एक की जगह दो का बोझा होगा। साथ रहने पर भी दोनो को अपने पैरो पर चलना होगा, न कि एक दूसरे के कंधे पर। साथ ही यह भी निश्चय कर रखना होगा, कि यात्रा में आगे जाने पर कही यदि एक ने दूसरे के अग्रसर होने मे बाधा डाली तो—"मन माने तो मेला, नहीं तो सबसे भला अकेला।" लेकिन ऐसा बहुत कम होगा, जब कि घुमक्कड़ होने योग्य व्यक्ति चतुष्पाद भी हो।

बंधु-बांधवों के स्नेह-बंधन के बारे में भी वही बात है। हजारो तरह की जिम्मेवारियो के बारे मे इतना ही समझ लेना चाहिए, कि घुमक्कड़-पथ सबसे परे, सबसे ऊपर है। इसीलिए—

"निस्त्रैगुण्ये पथि विचरतः को विधिः को निषेधः," को फिर यहाँ दुहराना होगा।

बाहरी जंजालो के अतिरिक्त एक भीतरी भारी जंजाल है—मन की निर्बलता। आरम्भ मे घुमक्कड़ी पथ पर चलने की इच्छा रखनेवाले को अनजान रास्ता होने से कुछ भय लगता है। आस्तिक होने पर तो यह भी मन मे आता है—

"का चिन्ता मम जीवने यदि हरिर्विश्वम्भरो गीयते।"(विश्व का भरण करनेवाला मौजूद है, तो जीवन की क्या चिन्ता ?) कितने ही घुमक्कड़ो ने विश्वम्भर के बल पर अंधेरे मे छलांग मारी, लेकिन मेधावी और प्रथम श्रेणी के तरुणों मे ऐसे कितने ही होगे, जो विश्वंभर पर अंधा-धुंध विश्वास नहीं रखते। तो भी मैं अपने अनुभव से कह सकता हूं, कि अंधेरे मे छलांग मारने से जरा भी भय नहीं खाना चाहिए। आदमी हर रोज ऐसी छलांग मार रहा है। दिल्ली और कलकत्ता की सड़को पर कितने आदमी हर साल मोटर और ट्राम के नीचे मरते हैं? उसे देखकर कहना ही होगा, कि अपने घर से सड़क पर निकलना अंधेरे मे कूदना ही है। घर के भीतर ही क्या ठिकाना है? भूकंप में हजारो बलिदान घर की छतें और दीवारें लेती हैं। रेल चढने वाले रेल-दुर्घटनाओं के कारण क्या यात्रा करना छोड़ देते हैं?

उस दिन सिलीगोड़ी से कलकत्ता विमान द्वारा जाने की बात सुन कर मेरे साथ मोटर मे यात्रा करते सज्जन ने कहा—"मेरी भी इच्छा तो करती है किन्तु डर लगता है।" मैने कहा—"डर काहे का? विमान से गिरनेवाले योगी की मौत मरते हैं, कोई अंग-भंग होकर जीने के लिए नही बचता, और मृत्यु बात-की-बात मे हो जाती है।" मेरे साथी योगी की मृत्यु के लिए तैयार नही थे। फिर मैने बतलाया

—"क्या सभी विमान गिरने से मर जाते हैं? मरने वालों की संख्या बहुत कम, शायद एक लाख मे एक, होती है। जब एक लाख मे एक को ही मरने की नौबत आती है, तो आप ९९९९९ को छोड क्यों एक के साथ रहना चाहते हैं?" बात काम कर गई और बागडोगरा के अड्डे से हम दोनों एक ही साथ उडकर पौने दो घटे में कलकत्ता पहुँच गए। विमान पर बगल की खिडकी से दुनिया देखने पर सतोष न कर उन्होने यह भी कोशिश की, कि वैमानिक के पास जाकर देखा जाय। विमान मे चढ़ने के बाद उनका भय न जाने कहाँ चला गया? इसी तरह घुमक्कड़ी के पथ पर पैर रखने से पहले दिल का भय अनुभवहीनता के कारण होता है। घर छोडकर भागनेवाले लाखों मे एक मुश्किल से एक ऐसा मिलेगा, जिसे भोजन के बिना मरना पड़ा हो। कभी कष्ट भी हो जाता है, "परदेश कलेश नरेशहु को," किन्तु वह तो घुमक्कडी रसोई में नमक का काम देता है। घुमक्कड को यह समझ लेना चाहिए, कि उसका रास्ता चाहे फूलो का न हो, और फूल का रास्ता भी क्या कोई रास्ता है, किन्तु उसे अवलम्ब देने वाले हाथ हर जगह मौजूद हैं। ये हाथ विश्वभर के नही मानवता के हाथ है। मानव की आजकल की स्वार्थपूर्ण प्रवृत्तियो को देखकर लोग निराशावाद का प्रचार करने लगे हैं, लेकिन यह मानव की मानवता ही है, जो विश्वभर बनकर अपरिचित अजनबी परदेशी की सहायता करने को तैयार हो जाती है। बल्कि आदमी जितना ही अधिक अपरिचित होता है, उसके प्रति उतनी ही अधिक सहानुभूति होती है। यदि भाषा नहीं समझता, तो वहाँ के आदमी उसकी हर तरह से सहायता करना अपना कर्त्तव्य समझने लगते हैं। सचमुच हमारी यह भूल है, यदि हम अपने जीवन को अत्यन्त भंगुर समझ लेते है। मनुष्य का जीवन सबसे अधिक दुर्मर है। समुद्र में पोतभग्न होने पर टूटे फलक को लेकर लोग बच जाते हैं, कितनो की सहायता के लिए पोत पहुँच जाते हैं। घोर जंगल में भी मनुष्य की सहायता के लिए अपनी बुद्धि के अतिरिक्त भी दूसरे हाथ आ पहुँचते

है। वस्तुतः मानवता जितनी उन्नत हुई है, उसके कारण मनुष्य के लिए प्राण-संकट की नौबत मुश्किल से आती है। आप अपना शहर छोडिए, हजारों शहर आपको अपनाने को तैयार मिलेंगे। आप अपना गाँव छोडिए, हजारो गाँव स्वागत के लिए तत्पर मिलेगे। एक मित्र और बंधु की जगह हजारो बंधु-बांधव आपके आने की प्रतीक्षा कर रहे हैं। आप एकाकी नहीं है। यहाँ फिर मै हजार असत्य और दो-चार सत्य बोलने वाली गीता के श्लोक को उद्धृत करूंगा—

"क्षुद्रं हृदय-दौर्बल्यं त्यक्त्वोत्तिष्ठ परन्तप"। तुम अपने हृदय की दुर्बलता को छोडो, 'फिर दुनिया को विजय कर सकते हो, उसके किसी भी भाग मे जा सकते हो, बिना पैसा-कौडी के जा सकते हो; केवल साहस की आवश्यकता है, बाहर निकलने की आवश्यकता है और वीर की तरह मृत्यु पर हंसने की आवश्यकता है। मृत्यु ही आ गई तो कौन बडी बात हो गई? वह कहीं भी आ सकती थी। मनुष्य को कभी-कभी कष्ट का भी सामना करना पडता है, लेकिन जो सिंह का शिकार करने चला है, अगर वह डरता रहे, तो उसे आगे बढ़ने की क्या आवश्यकता थी? यदि भावी घुमक्कड आयु मे और अनुभव में भी कम हैं, तो वह पहले छोटी-छोटी उडान कर सकता है। नये पंख वाले बच्चे छोटी ही उड़ान करते हैं।

आरंभिक उडानों मे, मै नही कहूंगा, कि यदि कुछ पैसा घर से मिल सकता हो, तो वैराग्य के मद मे चूर हो उसे काक-विष्टा समझकर छोड कर चल दे। गांठ का पैसा अपना महत्त्व रखता है, इसीलिए वह किसी तरह अगर घर मे से मिल जाय, तो कुछ ले लेने मे हरज नही है। पिता-माता का सौ-पचास रुपया ले लेना किसी धर्मशास्त्र मे चोरी नहीं कही जायेगी, और होशियार तरुण कितनी ही सावधानी से रखे पैसे मे से कुछ प्राप्त कर ही लेते है। आखिर जो सारी संपत्ति से त्याग-पत्र दे रहा है उसके लिए उसमे से थोडा सा ले लेना कौनसे अपराध की बात है? लेकिन यह समझ लेना चाहिए, कि घर के

पैसे के बल पर प्रथम या दूसरी श्रेणी का घुमक्कड़ नहीं बना जा सकता। घुमक्कड़ को जेब पर नहीं, अपनी बुद्धि, बाहु और साहस का भरोसा रखना चाहिए। घर का पैसा कितने दिनों तक चलेगा? अन्त में तो फिर अपनी बुद्धि और बल पर भरोसा रखना होगा।

तीन

# विद्या और वय

यदि सारा भारत घर-बार छोड़कर घुमक्कड़ हो जाय, तो भी चिंता की बात नहीं है। लेकिन घुमक्कड़ी एक सम्मानित नाम और पद है। उसमे, विशेषकर प्रथम श्रेणी के घुमक्कड़ो मे सभी तरह के ऐरे-गैरे पच-कल्याणी नही शामिल किये जा सकते। हमारे कितने ही पाठक पहले के अध्यायों को पढ़कर बहुत प्रसन्न हुए होगे और सोचते होगे—"चलो पढने-लिखने से छुट्टी मिली। बस कुछ नहीं करना है, निकल चलें, फिर दुनिया में कोई रास्ता निकल ही आयगा।" मुझे सदेह है कि इतने हल्के दिल से घुमक्कड-पथ पर जो आरूढ होंगे, वह न घर के होगे न घाट के, न किसी उच्चादर्श के पालन में समर्थ होगे। किसी योग्य पद के लिए कुछ साधनो की आवश्यकता होती है। मैं यह बतला चुका हूँ, कि घुमक्कड-पथ पर चलने के लिए बालक भी अधिकारी हो सकता है, नवतरुणो और तरुणियो की तो बात ही क्या ? लेकिन हरेक बालक का ऐसा प्रयास सफलता को कोई गारंटी नही रखता। घुमक्कड़ को समाज पर भार बनकर नही रहना है। उसे आशा होगी कि समाज और विश्व के हरेक देश के लोग उसकी सहायता करेगे, लेकिन उसका काम आराम से भिखमगी करना नहीं है। उसे दुनिया से जितना लेना है, उससे सौ गुना अधिक देना है। जो इस दृष्टि से घर छोड़ता है, वही सफल और यशस्वी घुमक्कड़ बन सकता है। हां ठीक है, घुमक्कड़ी का बीज आरम्भ मे भी बोया जा सकता है। इस पुस्तक को पढ़ने-समझने वाले बालक-बालिकाएं बारह वर्ष से कम के तो शायद ही हो

सकते है। हमारे बारह-तेरह साल के पाठक इस शास्त्र को खूब ध्यान से पढ़ें, संकल्प पक्का करें, लेकिन उसी अवस्था मे यदि घर छोड़ने के लोभ का सवरण कर सकें, तो बहुत अच्छा होगा। वह इससे घाटे में नही रहेंगे।

मेरे छोटे पाठक उपरोक्त पंक्तियो को पढकर मुझ पर सदेह करने लगेंगे और कहेंगे कि मै उनके माता-पिता का गुप्तचर बन गया हूँ और उनकी उत्सुकता को दबाकर पीछे खीचना चाहता हूँ। इसके बारे मे मैं यही कहूंगा, कि यह मेरे ऊपर अन्याय ही नही है, बल्कि उनके लिए भी हितकर नही है। मैं नौ साल से अधिक का नही था जब अपने गाव से पहले-पहल बनारस पहुंचा था। मुझे अंगुली पकडकर मेरे चचा गगा ले जाते थे। मैं इसे अपमान समझता था और खुलकर अकेले बनारस के कुछ भागो को देखना और अपने मन की पुस्तकें खरीदना चाहता था। मैंने एक दिन आँख बचाकर अपना मसूबा पूरा करना चाहा, दो या तीन मील का चक्कर लगाया। नौ वर्ष के बालक का एक बहुत छोटे गांव से आकर एकदम बनारस की गलियो मे घूमना भय की बात थी, इसमें संदेह नही, लेकिन मुझे उस समय नही मालूम था, कि घुमक्कडी का अन्तर्हित बीज इस रूप मे अपने प्रथम प्राकट्य को दिखला रहा है। अगली उड़ान जो वही उड़ानो मे प्रथम थी, चौदह वर्ष मे हुई, यद्यपि अनन्य रूप से घुमक्कड़ धर्म की सेवा का सौभाग्य मुझे १६ वर्ष की उम्र से मिला। मैं अपने पाठकों को मना नहीं करता, यदि वह मेरा अनुकरण करे, किन्तु मै अपने तजर्बे से उन्हे वंचित नहीं करना चाहता। कुछ बाते यदि पहले ही ठीक करली जाय, तो आदमी के जीवन के बारह वर्ष का काम दो बरस में हो सकता है। मैं यह नहीं कहता कि दो वर्ष के काम के लिए बारह वर्ष घूमना बिलकुल बेकार है, किसी-किसी के लिए उसका भी महत्व हो सकता है; लेकिन सभी बातो पर विचार करने पर ठीक यही मालूम पड़ता है, कि घुमक्कड को संकल्प तो किसी आयु में पक्का कर लेना चाहिए, समय-

समय पर सामने आते बंधनों को काटते रहना चाहिए, किन्तु पूरी तैयारी के बाद ही घुमक्कड़ बनने के लिए निकल पड़ना चाहिए। इसका अर्थ यह है कि मन को पहले रंग लेना चाहिए, शरीर पर रंग चढ़ाने में यदि थोड़ी देर हो तो उससे घबड़ाना नहीं चाहिए। ठीक है, मैं ऐसी भी सलाह नहीं देता, जैसी कि मुरादाबाद के एक सेठ की योजना में थी। उनकी बड़ी आराम की जिन्दगी थी, गर्मियों में खस की टट्टी और पखे के नीचे दुनिया का ताप क्या मालूम हो सकता था। लेकिन देखा-देखी 'योग' करने की साध लग गई थी। वह चाहते थे कि निकलकर दुनिया मे विचरें। उन्होंने दस दरियाई नारियल के कमंडलु भी मगवा लिये थे। कहते थे—धीरे-धीरे जब दस आदमी यहां आ जायगे, तब हम बाहर निकलेंगे। न जाने कितने सालों के बाद मैं उन्हें मिला था। मेरे मे उतना धैर्य नहीं था कि बाकी आठ आदमियों के आने की प्रतीक्षा करता। घुमक्कड़ की अधीरता को मैं पसन्द करता हूं। यह अधीरता ऐसी शक्ति है, जो मजबूत-से-मजबूत बधनों को काटने मे सहायक होती है।

पाठक कहेंगे, तब हमें रोकने की क्या आवश्यकता? क्यों नहीं—"यदहरेव विरजेत् तदहरेव प्रव्रजेत्" (जिस दिन ही मन उचटे, उसी दिन निकल पड़ना चाहिए)। इसके उत्तर में मैं कहूंगा—यदि आप तीसरी-चौथी-पांचवी-छठी श्रेणी के ही घुमक्कड़ बनना चाहते हैं, तो खुशी से ऐसा कर सकते हैं। लेकिन मैं चाहता हूं कि आप प्रथम और द्वितीय श्रेणी के घुमक्कड़ बनें, इसलिए मन को रंगकर निकलने से पहले थोड़ी तैयारी कर लें। घुमक्कड़ी जीवन के लिए पहला कदम है, अपने भावी जीवन के संबंध मे पक्का संकल्प कर डालना। इसको जितना ही जल्दी कर लें, उतना ही अच्छा। बारह से चौदह साल तक की उम्र तक मे ऐसा संकल्प अवश्य हो जाना चाहिए। बारह से पहले बहुत कम को अपेक्षित ज्ञान और अनुभव होता है, जिसके बल पर कि वह अपने प्रोग्राम को पक्का कर सकें। लेकिन बारह और चौदह का समय

ऐसा है जिसमे बुद्धि रखनेवाले बालक एक निश्चय पर पहुँच सकते हैं। प्रथम श्रेणी के घुमक्कड के लिए मेधावी होना आवश्यक है। मै चाहता हूँ, घुमक्कड-पथ के अनुयायी प्रथम श्रेणी के मस्तिष्क वाले तरुण और तरुणिया बनें। वैसे अगली श्रेणियों के घुमक्कड़ों से भी समाज को फायदा है, यह मैं बतला चुका हूं। १२–१४ की आयु मे मानसिक दीक्षा लेकर मामूली सैर-सपाटे के बहाने कुछ इधर-उधर छोटी-मोटी कुदान करते रहना चाहिए।

कौन समय है जबकि तरुण को महाभिनिष्क्रमण करना चाहिए ? मै समझता हूँ इसके लिए कम से-कम आयु १६–१८ की होनी चाहिए और कम-से कम पढ़ने की योग्यता मैट्रिक या उसके आसपास वाली दूसरी तरह की पढाई। मैट्रिक से मेरा मतलब खास परीक्षा से नही है, बल्कि उतना पढने से जितना साधारण साहित्य, इतिहास, भूगोल और गणित का ज्ञान होता है, घुमक्कडी के लिए वह अल्पतम आवश्यक ज्ञान है। मैं चाहता हूँ कि एक बार चल देने पर फिर आदमी को बीच मे मामूली ज्ञान के अर्जन की फिक्र मे रुकना नही पडे।

घर छोड़ने के लिए कम-से-कम आयु १६–१८ है, अधिक-से-अधिक आयु मै २३-२४ मानता हूं। २४ तक घर से निकल जाना चाहिए, नही तो आदमी पर बहुत-से कुसस्कार पड़ने लगते हैं, उसकी बुद्धि मलिन होने लगती है, मन सकीर्ण पड़ने लगता है, शरीर को परिश्रमी बनाने का मौका हाथ से निकलने लगता है, भाषाए सीखने मे सबसे उपयोगी आयु के कितने ही बहुमूल्य वर्ष हाथ से चले जाते हैं। इस तरह १६ से २४ साल की आयु वह आयु है जब कि महाभिनिष्क्रमण करना चाहिए। इनमे दोनो के बीच के आठ वर्ष की आधी अर्थात् २० वर्ष की आयु को आदर्श माना जा सकता है। इसका अर्थ यह है कि अल्पतम अवसर के बाद भी आदमी चार वर्ष और अपने पर जोर डालकर अपनी शिक्षा में लगा रहे। याद रखना चाहिए, प्रथम श्रेणी का घुमक्कड कवि, लेखक या कलाकार के रूप मे ससार के सामने

आता है। कवि, लेखक और कलाकार यदि ज्ञान में टुटपुंजिये हों, तो उनकी कृतियों में गम्भीरता नहीं आ सकती। अल्पश्रुत व्यक्ति देखी जानेवाली चीजों की गहराई मे नहीं उतर सकते। पहले दृढ संकल्प कर लेने पर फिर आगे की पढाई जारी रखते आदमी को यह भी पता लगाना चाहिए, कि उसकी स्वाभाविक रुचि किस तरफ अधिक है, फिर उसीके अनुकूल पाठ्य-विषय चुनना चाहिए। मैट्रिक की शिक्षा मैंने कम-से-कम बतलाई और अब उसमें चार साल और जोड़ रहा हूँ, इससे पाठक समझ गए होंगे कि मैं उन्हे विश्वविद्यालय का स्नातक (बी. ए.) हो जाने का परामर्श दे रहा हूं। यह अनुमान गलत नही है। मेरे पाठक फिर मुझसे नाराज हुए बिना नहीं रहेंगे। वह धीरज खोने लगेंगे। लेकिन उनके इस क्षणिक रोष से मैं सच्ची और उनके हित की बात बताने से बाज नही आ सकता। जिस व्यक्ति मे महान् घुमक्कड का अंकुर है, उसे चाहे कुछ साल भटकना ही पडे, किंतु किसी आयु मे भी निकलकर वह रास्ता बना लेगा। इसलिए मैं अधीर तरुणों के रास्ते में रुकावट डालना नहीं चाहता। लेकिन ४० साल की घुमक्कडी के तजर्बे ने मुझे बतलाया है, कि यदि तैयारी के समय को थोडा पहले ही बढ़ा दिया जाय, तो आदमी आगे बढे लाभ में रहता है। मैने पुस्तके लिखते वक्त सदा अपनी भोगी कठिनाइयों का स्मरण रखा। मुझे १६१६ से १६३२ तक के सोलह वर्ष लगाकर जितना बौद्ध धर्म का ज्ञान मिला, मैंने एक दर्जन ग्रन्थो को लिखकर ऐसा रास्ता बना दिया है, कि दूसरे सोलह वर्षों में प्राप्त ज्ञान को तीन-चार वर्ष मे अर्जित कर सकते हैं। यदि यह रास्ता पहले तैयार रहता, तो मुझे कितना लाभ हुआ होता? जैसे यहां यह विद्या का बात है, वैसे ही घुमक्कड़ी के साधनों के संग्रह में बिना तजर्बे वाले आदमी के बहुत-से वर्ष लग जाते हैं। आपने १२–१४ वर्ष की आयु में दृढ़ सकलप कर लिया, सोलह वर्ष की आयु में मैट्रिक तक पढकर आवश्यक साधारण विषयों का ज्ञान प्राप्त कर लिया है। आप दुनिया के नक्शे से

वाकिफ हैं, भूगोल का ज्ञान रखते हैं, दुनिया के देशों से बिलकुल अपरिचित नही हैं।

जब आपने संकल्प कर लिया है, तो अगले चार-पांच साल मे अपने आसपास के पुस्तकालयों या अपने स्कूल की लायब्रेरी मे जितनी भी यात्रा-पुस्तके और जीवनियाँ मिलती हो, उन्हे ज़रूर पढा होगा। अच्छे उपन्यास-कहानी घुमक्कड की प्रिय वस्तु हैं, लेकिन उसकी सबसे प्रिय वस्तु है यात्राए। आजकल के भारतीय यात्रियो की पुस्तकें आपने अवश्य पढी होगी, फिर पुराने-नये सभी देशी-विदेशी यात्रियों की यात्राए आपके लिए बहुत रुचिकर प्रतीत हुई होंगी। प्राचीन और आधुनिक देशी-विदेशी सभी घुमक्कड एक परिवार के सगे भाई हैं। उनके ज्ञान को पहले अर्जित कर लेना तरुण के लिए बहुत बडा संबल है। मैट्रिक होते-होते आदमी को यात्रा-सम्बन्धी डेढ़-दो सौ पुस्तकें तो अवश्य पढ डालनी चाहिए।

घुमक्कड को भिन्न-भिन्न भाषाओ का ज्ञान अपनी यात्रा मे प्राप्त करना पडता है। कुछ भाषाए तो १६ वर्ष की उम्र तक भी पढी जा सकती हैं। हिन्दी वालों को बंगला और गुजराती का पढना दो महीने की बात है। अंग्रेजी अभी हमारे विद्यालयो में अनिवार्य रूप से पढाई जा रही है, इसलिए अंग्रेजी पुस्तकें पढ़ने का सुभीता भी मौजूद है। लेकिन दस-पन्द्रह वर्ष बाद यह सुभीता नहीं रहेगा, क्योकि अंग्रेजी-सरक्षक श्वेत-केश वृद्ध नेता तब तक परलोक सिधार गए होंगे। लेकिन उस समय भी घुमक्कड अपने को अंग्रेजी या दूसरी भाषा पढ़ने से मुक्त नहीं रख सकता। पृथ्वी के चारों कोनों मे भाषा की दिक्कत के बिना घूमने के लिए अंग्रेजी, रूसी, चीनी और फ्रेंच इन चार भाषाओं का कामचलाऊ ज्ञान आवश्यक है, नही तो जिस भाषा का ज्ञान नहीं रहेगा, उस देश की यात्रा अधिक आनन्ददायक और शिक्षाप्रद नहीं हो सकेगी।

मैट्रिक के बाद अपने आगे की तैयारी के लिए चार साल यात्रा

को स्थगित रखकर आदमी को क्या करना चाहिए ? घुमक्कड के लिए भूगोल और नक्शे का ज्ञान अत्यन्त आवश्यक है। मैट्रिक तक भूगोल आर नक्शे का जो ज्ञान हुआ है, वह पर्याप्त नहीं है। आपको नई पुरानी कोई भी यात्रा पुस्तक को पढते समय नक्शे को देखते रहना चाहिए। केवल नक्शा देखना पर्याप्त नही है, क्योंकि उसमे उन्नतांश और ग्लेशियर आदि का चिन्ह होने पर भी उससे आपको ठीक पता नही लगेगा कि जाड़ों में वहां की भूमि कैसी रहती होगी। नक्शे में लेनिनग्राड को देखने वाला नही समझेगा कि वहां जाडो मे तापमान हिमबिन्दु से ४९-५० डिग्री ( –२४,–३० सेंटीग्रेड ) तक गिर जाता है। हिमबिन्दु से ४९–५० डिग्री नीचे जाने का भी भूगोल की साधारण पुस्तकों से अनुमान नहीं हो सकता। हमारे पाठक जो हिमालय के ६००० फुट से ऊपर की जगहों मे जाड़ो मे नही गये, हिमबिन्दु का भी अनुमान नही कर सकते। यदि कुछ मिनट तक अपने हाथो में सेर-भर बर्फ का ढला रखने की कोशिश करे, तो आप उसका कुछ कुछ अनुमान कर सकते हैं। लेकिन घुमक्कड तरुण को घर से निकलने से पहले भिन्न जलवायु की छोटी-मोटी यात्रा करके देख लेना चाहिए। यदि आप जनवरी मे शिमला और नैनीताल को देख आये हैं, तो आप स्वेन-चङ् या फाहियान की तुषार-देश की यात्राओ के वर्णन का साक्षात्कार कर सकते हैं, तभी आप लेनिनग्राड की हिमबिन्दु से ४९-५० डिग्री नीचे की सर्दी का भी कुछ अनुमान कर सकते हैं। इस प्रकार तरुण यह जानकर प्रसन्न होगे कि मै तैयारी के समय मे भी छोटी-छोटी यात्राओ के करने का जोर से समर्थन करता हूं।

भूगोल और इतिहास के साथ-साथ विद्यार्थी अब यात्रा-सम्बन्धी दूसरे साहित्य का भी अध्ययन कर सकता है। कालेज मे अध्ययन के समय उसे लेखनी चलाने का भी अभ्यास करना चाहिए। यह ऐसी आयु है जबकि हरेक जीवट वाले तरुण-तरुणी में कविता करने की स्वाभाविक प्रेरणा होती है, कथा-कहानी का लेखक बनने की मन मे

उमंग उठती है। इससे लाभ उठाकर हमारे तरुण को अधिक-से-अधिक पृष्ठ काले करने चाहिए, लेकिन यदि वह अपनी कृतियों को प्रकाश मे लाने के लिए उतावला न हो, तो अच्छा है। समय से पहले लेख और कविता का पत्रों मे प्रकाशित हो जाना आदमी के हर्ष को तो बढाता है, लेकिन कितनी ही बार यह खतरे की भी चीज़ होती है। कितने ही ऐसे प्रतिभाशाली तरुण देखे गए हैं, जिनका भविष्य समय से पहले ख्याति मिल जाने के कारण खतम हो गया। चार सुन्दर कविताएं बन गईं, फिर ख्याति तो मिलनी ही ठहरी और कवि-सम्मेलनों में बार-बार पढने का आग्रह भी होना ही ठहरा। आज की पीढी मे भी कुछ ऐसे तरुण हैं, जिन्हे जल्दी की प्रसिद्धि ने किसी लायक नहीं रखा। अब उनका मन नवसृजन की ओर जाता ही नही। किसी नये नगर के कवि-सम्मेलन मे जाने पर उनकी पुरानी कविता के ऊपर प्रचंड करतल-ध्वनि होगी ही, फिर मन क्यों एकाग्र हो नवसृजन मे लगेगा? घुमक्कड़ को इतनी सस्ती कीर्ति नही चाहिए, उसका जीवन तालियों की गूंज के लिए लालायित होने के लिए नही है, न उसे दो-चार वर्षों तक सेवा करके पेंशन लेकर बैठना है। घुमक्कडी का रोग तपेदिक के रोग से कम नही है, वह जीवन के साथ ही जाता है, वहां किसीको अव-काश या पेंशन नही मिलती।

साहित्य और दूसरी जिन चीज़ो की घुमक्कडो को आवश्यकता है, उनके बारे मे आगे हम और भी कहनेवाले हैं। यहाँ विशेष तौर से हम तरुणों का ध्यान शारीरिक तैयारी की ओर आकृष्ट करना चाहते है। घुमक्कड का शरीर हर्गिज पान-फूल का नही होना चाहिए। जैसे उसका मन और साहस फौलाद की तरह है, उसी तरह शरीर भी फौलाद का होना चाहिए। घुमक्कड को पोत, रेल और विमान की यात्रा वर्जित नहीं है, किन्तु इन्हीं तीनों तक सीमित रखकर कोई प्रथम श्रेणी क्या दूसरी श्रेणी का भी घुमक्कड नहीं बन सकता। उसे ऐसे स्थानों की यात्रा करनी पड़ेगी, जहाँ इन यात्रा-साधनों का पता

नही होगा। कहीं बैलगाडी या खच्चर मिल जायंगे, लेकिन कहीं ऐसे स्थान भी आ सकते हैं, जहाँ घुमक्कड़ को अपना सामान अपनी पीठ पर लादकर चलना पड़ेगा। पीठ पर सामान ढोना एक दिन में सह्य नही हो सकता। यदि पहले से अभ्यास नही किया है, तो पंद्रह सेर के बोझे को दो मील ले जाते ही आप सारी दुनिया को कोसने लगेंगे। इसलिए बीच में जो चार साल का अवसर मिला है, उसमें भावी घुमक्कड़ को अपने शरीर को कष्टक्षम ही नहीं परिश्रमक्षम भी बनाना चाहिए। पीठ पर बोझा लेकर जब-तब दो-चार मील का चक्कर मार आना चाहिए। शरीर को मजबूत करने के लिए और भी कसरत और व्यायाम किये जा सकते हैं, लेकिन घुमक्कड़ को घूम-घूमकर कुश्ती या दंगल नहीं लडना है। मजबूत शरीर स्वस्थ शरीर होता है, इसलिए वह तरह-तरह के व्यायाम से शरीर को मजबूत कर सकता है। लेकिन जो बात सबसे अधिक सहायक हो सकती है, वह है मन-सवामन का बोझ पीठ पर रख कर दस-पाँच मील जाना और कुदाल लेकर एक सांस मे एक-दो क्यारी खोद डालना। यह दोनों बातें दो-चार दिन के अभ्यास से नहीं हो सकतीं, इनमे कुछ महीने लगते हैं। अभ्यास हो जाने पर किसी देश मे चले जाने पर अपने शारीरिक-कार्य द्वारा आदमी दूसरे के ऊपर भार बनने से बच सकता है। मान लीजिए अपने घुमक्कड़ी-जीवन मे आप ट्रिनीडाड और गायना निकल गये—इन दोनो स्थानो मे लाखो भारतीय जाकर बस गए हैं—वहां से आप चिली या इक्वेटर से पहुँच सकते हैं। आप चाहे और कोई हुनर न भी जानते हों, या जानने पर भी वहां उसका महत्व न हो, तो किसी गाँव मे पहुंचकर किसी किसान के काम मे हाथ बंटा सकते है। फिर उस किसान के आप महीने-भर भी मेहमान रहना चाहे, तो वह प्रसन्नता से रखेगा। आप उच्च श्रेणी के घुमक्कड हैं, इसलिए आपमें अपने शारीरिक काम के लिए वेतन का लालच नही होगा। आप देश-देश की यात्रा के तजर्बों की बाते बतलायेंगे, लोगों मे घुल-मिलकर उनके खेतो मे काम करेंगे। यह ऐसी

चीज़ है, जो आपको गृहपति का आत्मीय बना देगी। यह भी स्मरण रखना चाहिए, कि अब दुनिया मे शारीरिक श्रम का मूल्य बढता ही जा रहा है। हमारे ही देश मे पिछले दस वर्षों के भीतर शरीर से काम करने वालो का वेतन कई गुना बढ गया है, यह आप किसी भी गांव मे जाकर जान सकते है। फिर दुनिया का कौनसा देश है, जहां पर जाकर समय-समयपर काम करके घुमक्कड़ जीवन-यापन का इन्तजाम नही कर सकता?

शारीरिक परिश्रम, यही नहीं कि आपके लिए जेब मे पडे नोट का काम देता है, बल्कि वह आज ही मिले आदमी को घनिष्ठ बना देता है। मेरे एक मित्र जर्मनी मे सत्रह वर्ष रहकर हाल ही में भारत लौटे। वहां दो विश्वविद्यालयो से दो-दो विषयों पर उन्हे डाक्टर की उपाधि मिली, बर्लिन जैसे महान् विश्वविद्यालय मे भारतीय दर्शन के प्रोफेसर रहे। द्वितीय महायुद्ध के बाद पराजित जर्मनी मे ऐसी अवस्था आई जबकि उनकी विद्या किसी काम की नही थी। वह एक गांव मे जाकर एक किसान के गायो-घोडो को चराते और खेतो मे काम करते दो साल तक रहे। किसान, उसकी स्त्री, उसकी लड़कियां, सारा घर हमारे मित्र को अपने परिवार का व्यक्ति समझता था और चाहता था कि वह वही बने रहे। उस किसान को बडी प्रसन्नता होती, यदि हमारे दोस्त ने उसकी सुवर्णकेशी तरुण कन्या से परिणय करना स्वीकार कर लिया होता। मैं हरेक घुमक्कड़ होने वाले तरुण से कहूंगा, कि यद्यपि स्नेह और प्रेम बुरी चीज नही है, लेकिन जंगम से स्थावर बनना बहुत बुरा है। इसलिए इस तरह दिल नहीं दे बैठना चाहिए, कि आदमी खूंटे मे बंधा बैल बन जाय। अस्तु। इससे यह तो साफ ही है कि आजकल की दुनिया मे स्वस्थ शरीर के होते शरीर से हर तरह का परिश्रम करने का अभ्यास घुमक्कड़ के लिए बडे लाभ की चीज है।

अगले चार वर्षों तक यदि तरुण ठहरकर, शिक्षा मे और लगता है तो वह अपने ज्ञान और शारीरिक योग्यता को आगे बढ़ा सकता है।

जहां एक ओर उसको यह लाभ हो सकता है, वहां उसे दूसरा लाभ है विश्वविद्यालय का स्नातक बन जाना। घुमक्कड के लिए बी० ए० हो जाना कोई अत्यन्त आवश्यक चीज नहीं है। उसका भाव होने पर यद्यपि बहुत अन्तर नहीं पड़ता, लेकिन अभाव होने पर कभी-कभी घुमक्कड आगे चलकर इसे एक कमी समझता है और फिर विविध देशो में पर्यटन करते रहने की जगह वह बी० ए० की डिग्री लेने के लिए बैठना चाहता है। इस एषणा को पहले ही समाप्त करके यदि वह निकलता है, तो आगे फिर रुकना नही पडता। डिग्री का कही-कही लाभ भी हो सकता है। इसका एक लाभ यह भी है कि पहले-पहल मिलने वाले आदमी को यह तो विश्वास हो जाता है कि यह आदमी शिक्षित और संस्कृत है। जो तरुण कालेज मे चार साल लगायगा, वहां अपने भावी कार्य और रुचि के अनुसार ही विषयों को चुनेगा। फिर पाठ्य पुस्तको से बाहर भी उसे अपने ज्ञान बढ़ाने का काफी साधन मिल जायगा। इसी समय के भीतर आदमी नृत्य, सगीत, चित्र आदि घुमक्कड के लिए अत्यन्त उपयोगी कलाएं भी सीख जायगा। इस प्रकार चार साल और रुक जाना घाटे का सौदा नही है। बीस या बाईस साल की आयु मे यूनिवर्सिटी की उच्च शिक्षा को समाप्त करके आदमी खूब साधन-सम्पन्न हो जायगा, इसे समझाने की आवश्यकता नहीं। सक्षेप मे हमे इस अध्याय में बतलाना था—वैसे तो होश सम्भालने के बाद किसी समय आदमी संकल्प पक्का कर सकता है, और घर से भाग भी सकता है; आगे उसका ज्ञान और साहस सहायता करेगा; लेकिन बारह वर्ष की अवस्था मे दृढ़ संकल्प करके सोलह वर्ष की अवस्था तक बाहर जाने के लिए उपयोगी ज्ञान के अर्जन कर लेने पर भागना कोई बुरा नही है। लेकिन आदर्श महाभिनिष्क्रमण तो तभी कहा जा सकता है, जबकि घुमक्कडी के सभी आवश्यक विषयो की शिक्षा हो चुकी हो, और शरीर भी हर तरह के काम के लिए तैयार हो। २२ या २४ साल की उम्र मे घर छोडने वाला व्यक्ति इस प्रकार ज्ञान-संपत्ति और शारीरिक श्रम-

संपत्ति दोनों से युक्त होगा। अब उसे कहीं निराशा और चिन्ता नहीं होगी।

आर्थिक कठिनाइयो के कारण घर पर रहकर जिनको अध्ययन मे कोई प्रगति होने की संभावना नहीं है, उनके लिए तो—

"यदहरेव विरजेत् तदहरेव प्रव्रजेत्।"

चार

# स्वावलम्बन

घुमक्कड़ी का अंकुर किसी देश, जाति या वर्ग मे सीमित नही रहता। धनाढ्य कुल मे भी घुमक्कड़ पैदा हो सकता है, लेकिन तभी जब कि उस देश का जातीय जीवन उन्मुख हो। पतनशील जाति मे धनाढ्य होने का मतलब है, उसके व्यक्तियों का सब तरह से पतनोन्मुख होना। तो भी, जैसा कि हमने पहले बतलाया है, घुमक्कडी का बीजांकुर कही भी उद्भूत हो सकता है। लेकिन चाहे धनी कुल मे पैदा हो या निर्धन कुल मे, अथवा मेरी तरह न धनी और न निर्धन कुल मे, तो भी घुमक्कड़ मे और गुणो के अतिरिक्त स्वावलम्बन की मात्रा अधिक होनी चाहिए। सोने और चाँदी के कटोरों के साथ पैदा हुआ घुमक्कडी की परीक्षा मे बिलकुल अनुत्तीर्ण हो जायगा, यदि उसने अपने सोने-चाँदी के भरोसे घुमक्कड़चर्या करनी चाही। वस्तुतः सपत्ति और धन घुमक्कडी के मार्ग मे बाधक हो सकते है। धन-सपत्ति को समझा जाता है, कि वह आदमी की सब जगह गति करा सकती है। लेकिन यह बिलकुल झूठा ख्याल है। धन-संपत्ति रेल, जहाज और विमान तक पहुंचा सकती है, विलास-होटलों, काफी-भवनो तक की सैर करा सकती है। घुमक्कड़ दृढ-संकल्पी न हो तो इन स्थानो से उसके मनोबल को क्षति पहुँच सकती है। इसीलिए पाठकों मे यदि कोई धनी तरुण घुमक्कडी-धर्म को ग्रहण करना चाहता है, तो उसे अपनी उस धन-संपत्ति से सम्बन्ध-विच्छेद कर लेना चाहिए, अर्थात् समय-समय पर केवल उतना ही पैसा पाकेट में लेकर घूमना चाहिए, जिसमे भीख मांगने की

नौबत नही आए और साथ ही भव्य-होटलो और पांथशालाओं में रहने को स्थान न मिल सके। इसका अर्थ यह है कि भिन्न-भिन्न वर्ग में उत्पन्न घुमक्कडो को एक साधारण तल पर आना चाहिए।

घुमक्कड़ धर्म किसी जात-पांत को नही मानता, न किसी धर्म या वर्ण के आधार पर अवस्थित वर्ग ही को। यह सबसे आवश्यक है कि एक घुमक्कड दूसरे को देखकर बिलकुल आत्मीयता अनुभव करने लगे—वस्तुत. घुमक्कडी क विकास के उच्चतल की यह कसौटी है। जितने ही उच्च श्रेणी के घुमक्कड होगे, उतना ही वह आपस मे बन्धुता अनुभव करेंगे और उनके भीतर मेरा-तेरा का भाव बहुत-कुछ लोप हो जायगा। चीनी घुमक्कड़ फाहियान और स्वेन-चाङ् की यात्राओं को देखने से मालूम होगा, कि वह नये मिले यायावरो के साथ कितना स्नेह का भाव रखते थे। इतिहास के लिए विस्मृत किंतु कठोर साधनाओं के साथ घुमक्कडी किये व्यक्तियो का उन्होंने कितना सम्मान और सद्भाव के साथ स्मरण किया है।

घुमक्कडी एक रस है, जो काव्य के रस से किसी तरह भी कम नही है। कठिन मार्गों को तय करने के बाद नये स्थानो मे पहुँचने पर हृदय मे जो भावोद्रेक पैदा होता है, वह एक अनुपम चीज है। उसे कविता के रस से हम तुलना कर सकते है, और यदि कोई ब्रह्म पर विश्वास रखता हो, तो वह उसे ब्रह्म-रस समझेगा—"रसो वै सः रसं हि लब्ध्वा आनन्दी भवति।" इतना जरूर कहना होगा कि उस रस का भागी वह व्यक्ति नही हो सकता, जो सोने-चाँदी मे लिपटा हुआ यात्रा करना चाहता है। सोने चांदी के बल पर बढ़िया-से-बढिया होटलो मे ठहरने, बढिया से-बढिया विमानो पर सैर करने वालो को घुमक्कड़ कहना इस महान् शब्द के प्रति भारी अन्याय करना है। इसलिए यह समझने मे कठिनाई नही हो सकती कि सोने के कटोरे को मुंह मे लिये पैदा होना घुमक्कड के लिए तारीफ की बात नही है। यह ऐसी बाधा है, जिसको हटाने मे काफी परिश्रम की आवश्यकता होती है।

प्रश्न हो सकता है—क्या सभी वस्तुओं से विरत हो, सभी चीजों को छोडकर, कुछ भी हाथ मे न रख निकल पड़ना ही एकमात्र घुमक्कड़ का रास्ता है ? जहाँ घुमक्कड़ के लिए संपत्ति बाधक और हानिकारक है, वहाँ साथ ही घुमक्कड़ के लिए आत्मसम्मान की भी भारी आवश्यकता है। जिसमें आत्मसम्मान का भाव नही, वह कभी अच्छे दर्जे का घुमक्कड़ नहीं हो सकता। अच्छी श्रेणी के घुमक्कड़ का कर्त्तव्य है कि अपनी जाति, अपने पंथ, अपने बंधु-बांधवो पर—जिनमे केवल घुमक्कड़ ही शामिल हैं—कोई लांछन नही आने दे। यदि घुमक्कड़ उच्चादर्श और सम्माननीय व्यवहार को कायम रखेगा, तो उससे वर्त्तमान और भविष्य के, एक देश और सारे देशों के घुमक्कड़ो को लाभ पहुँचेगा। इसकी चिन्ता नहीं करनी चाहिए कि हजारो घुमक्कड़ों मे कुछ बुरे निकलेगे और उनकी वजह से घुमक्कड़-पथ कलंकित होगा। हरेक आदमी के सामने घुमक्कड़ के असली रूप को रखा न भी जा सके तो भी गुणग्राही, संस्कृत, बहुश्रुत, दूरदर्शी नर-नारियो के हृदय में घुमक्कडो के प्रति विशेष आदरभाव पैदा करना हरेक घुमक्कड़ का कर्त्तव्य है। उसे अपना ही रास्ता ठीक नहीं रखना है, बल्कि यदि रास्ते में कॉटे पडे हों, तो उन्हें हटा देना है, जिससे भविष्य में आने वालों के पैर मे वह न चुभें। इन सबका ध्यान वही रख सकता है, जिसमे आत्मसम्मान की भावना कूट-कूटकर भरी हुई है। घुमक्कड़ चापलूसी से घृणा करता है, लेकिन इसका अर्थ अक्खड़, उजड्ड होना नही है, और न सांस्कृतिक सद्व्यवहार से हाथ धो लेना। वस्तुतः घुमक्कड़ को अपने आचरण और स्वभाव को ऐसा बनाना है, जिससे वह दुनिया में किसीको अपने से ऊपर नहीं समझे, लेकिन साथ ही किसीको नीचा भी न समझे। समदर्शिता घुमक्कड़ का एकमात्र दृष्टिकोण है, आत्मीयता उसके हरेक बर्ताव का सार है।

आत्मसम्मान रखने वाले आदमी के लिए यह आवश्यक है, कि वह भिक्षुक, भीख मांगने वाला, न बने। भीख न मांगने का यह अर्थ

नही है, कि भिक्षाजीवी बौद्ध भिक्षु इस घुमक्कड़चर्या के अधिकारी नहीं हो सकते। वस्तुत: उस भिक्षाचर्या का घुमक्कड़ी से विरोध नही है। वही भिक्षाचर्या बुरी है जिसमे आदमी को दीन-हीन बनना पड़ता है, आत्म-सम्मान को खोना पड़ता है। लेकिन ऐसी भिक्षाचर्या बौद्ध भिक्षुओ के लिए बौद्ध देशो तक ही सीमित रह सकती है। बाहर के देशो मे वह संभव नहीं है। महान् घुमक्कड़ बुद्ध ने भिक्षाचर्या का आत्मसम्मान के साथ जिस तरह सामंजस्य किया है, वह आश्चर्यकर है। बौद्ध देशो मे घुमक्कड़ी करने वाले भिक्षु ही उस यात्रा का आनन्द जानते है। इसमे संदेह नही, बौद्ध देशो के सभी भिक्षु घुमक्कड़ नाम के अधिकारी नही होते, प्रथम श्रेणी के घुमक्कड़ो की सख्या तो वहां और भी कम है। फिर भी उनके प्रथम मार्गदर्शक ने जिस तरह का पथ तैयार किया, पथ के चिन्ह निर्मित किये, उस पर घास-झाडी अधिक उग आने पर भी वह वहां मौजूद है, और पंथ को आसानी से फिर प्रशस्त किया जा सकता है।

यदि बौद्ध-भिक्षुओं की बात को छोड़ दे, तो आत्मसम्मान को कायम रखने के लिए घुमक्कड़ को स्वावलम्बी होने मे सहायक कुछ बातो की अत्यन्त आवश्यकता है। हम पहले स्वावलम्बन के बारे मे थोड़ा कह चुके हैं और आगे और भी कहेगे, यहाँ भी इसके बारे मे कुछ मोटी-मोटी बाते बतलाएगे।

स्वावलम्बन का यह मतलब नहीं, कि आदमी अपने अर्जित पैसे से विलासपूर्ण जीवन बिताये। ऐसे जीवन का घुमक्कड़ी से ३ और ६ का सम्बन्ध है। स्वावलम्बी होने का यह भी अर्थ नहीं है, कि आदमी धन कमाकर कुल-परिवार पोसने लग जाय। कुल-परिवार और घुमक्कड़ी-धर्म से क्या सम्बन्ध? कुल-परिवार स्थावर व्यक्ति की चीज है, घुमक्कड़ जंगम है, सदा चलने वाला। हो सकता है घुमक्कड को अपने जीवन मे कभी वर्ष-दो-वर्ष एक जगह भी रहना पड जाय, लेकिन यह स्वेच्छापूर्वक रहने की सबसे बडी अवधि है। इससे अधिक रहने वाला,

संभव नहीं है, कि अपने व्रत को पालन कर सके। इस प्रकार स्वावलम्बी होने का यही मतलब है, कि आदमी को दीन होकर हाथ पसारना न पड़े।

घुमक्कड़ नाम से हमारे सामने ऐसे व्यक्ति का रूप नहीं आता, जिसमे न संस्कृति है न शिक्षा। संस्कृति और शिक्षा तथा आत्मसम्मान घुमक्कड के सबसे आवश्यक गुण हैं। घुमक्कड चूंकि किसी मानव को न अपने से ऊंचा न नीचा समझता है, इसलिए किसीके भेस को धारण करके उसकी पांती मे जा एक होकर बैठ सकता है। फटे चीथडे, मलिन, कृष गात्र यायावरो के साथ किसी नगर या अरण्य मे अभिन्न होकर जा मिलना भी कला है। हो सकता है वह यायावर प्रथम या दूसरी श्रेणी के भी न हो, लेकिन उनमे कभी-कभी ऐसे भी गुदडी के लाल मिल जाते हैं, जिन्होने अपने पैरों से पृथिवी के बडे भाग को नाप दिया है। उनके मुंह से अकृत्रिम भाषा मे देश-देशान्तर की देखी बातें और दृश्यो को सुनने से बहुत आनन्द आता है, हृदय में उत्साह बढता है। मैने तीसरी श्रेणी के घुमक्कडों मे भी बन्धुता और आत्मीयता को इतनी मात्रा मे देखा है, जितनी संस्कृत और शिक्षित-नागरिक मे नहीं पाई जाती।

जो घुमक्कड नीचे की श्रेणी के लोगो से अभिन्न हो मिल सकता है, वह शारीरिक श्रम से कभी नही शर्मायगा। घुमक्कड़ के लिए शरीर से स्वस्थ ही नही कर्मण्य होना भी आवश्यक है, अर्थात् शारीरिक श्रम करने की उसमे क्षमता होनी चाहिए। घुमक्कड़ ऐसी स्थिति मे भी पहुँच सकता है, जहां उसे तात्कालिक जीवन-निर्वाह के लिए अपने श्रम को बेचने की आवश्यकता हो। इसमें कौनसी लज्जा की बात है, यदि घुमक्कड़ किसी के बिस्तरे को सिर या पीठ पर लादकर कुछ दूर पहुँचा दे, या किसीके बर्तन मलने, कपड़ा धोने का काम कर दे। साधारण मजदूर के काम को करने की क्षमता और उत्साह ऊंची श्रेणी के घुमक्कड़ बनने में बहुत सहायक हो सकते हैं। उनसे घुमक्कड़ बहुत अनुभव प्राप्त कर सकता है। शारीरिक श्रम स्वावलम्बी होने मे बहुत

सहायक हो सकता है। स्वावलम्बी होने के लिए और उपाय रहने पर भी शारीरिक श्रम के प्रति अवहेलना का भाव अच्छा नही है।

घुमक्कड को समझना चाहिए, कि उसे ऐसे देश मे जाना पड सकता है, जहाँ उसकी भाषा नहीं समझी जाती, अतएव वहाँ सीखे-समझे पुस्तकी ज्ञान का कोई उपयोग नही हो सकता। ऐसी जगह पर ऐसे व्यवसायो से परिचय लाभदायक सिद्ध होगा, जिनके लिए भाषा की आवश्यकता नहीं, जो भाषाहीन होने पर भी सर्वत्र एक तरह समझे जा सकते हों। उदाहरणार्थ हजामत के काम को ले लीजिए। हजामत का काम सीखना सबके लिए आसान है, यह मैं नहीं कहता, यद्यपि आजकल सेफ्टी छुरे से सभी नागरिक अपने चेहरे को साफ कर लेते है। मै समझता हूं, इस काम को स्वावलम्बन मे सहायक बनाने के लिए क्षौर-कला को कुछ अधिक जानने की आवश्यकता है। अच्छा समझदार तरुण होने पर इसे सीखने मे बहुत समय नहीं लगेगा और न लगातार हर रोज छ-छ घटा सीखने मे लगाने की आवश्यकता है। तरुण को किसी हजामत बनाने वाले से मैत्री करनी चाहिए और धीरे-धीरे विद्या को हस्तगत कर लेना चाहिए। बहुत-से ऐसे देश हैं, जहाँ क्षौर करना वंश-परम्परा से चला आया पेशा नही है, अर्थात हजामो की जाति नही है। दूर क्यो जाइये, हिमालय मे ही इसे देखेगे। वहाँ यदि जाति का हजाम मिलेगा, तो वह नीचे मैदान से गया होगा। ऊपरी सतलज (किन्नर देश) मे १९४८ मे मै विचर रहा था। मुझे कभी तीन-चार महीने मे बाल कटवाने की आवश्यकता होती है। यदि कोई अपने केश और दाढी को बढा रखे, तो बुरा नहीं है। लेकिन मैं अपने लिए पसद नही करता, इसीलिए तीन-चार महीने बाद केश छोटा करने की आवश्यकता हाती है। चिनी (किन्नर-देश) मे मुझे ज़रूरत पडी। पता लगा, मिडिल स्कूल के हेडमास्टर साहब क्षौर के हथियार भी रखते है, और अच्छा बनाना भी जानते हैं। यह भी पता लगा कि हेडमास्टर साहब स्वयं भले ही बना दे, लेकिन हथियार को दूसरे के हाथो मे नहीं

देना चाहते—"लेखनी पुस्तकी नारी परहस्तगता गता" के स्थान पर "लेखनी छुरिका कर्त्री परहस्तगता गता" कहना चाहिए। हेडमास्टर साहब अपना क्षौर-शस्त्र मुझे देने मे आनाकानी नहीं करते, क्योंकि न देने का कारण उनका यही था कि अनाड़ी आदमी शस्त्र के साथ अच्छा व्यवहार नही करना जानता। उन्होंने आकर स्वयं मेरे बाल काट दिए। अपने लिये होने पर तो काटने की मशीन काफी है। मैं वर्षों उसे अपने पास रखा करता था, किंतु जब आपको क्षौरकर्म के द्वारा तात्कालिक स्वावलम्बन का मार्ग ढूंढना है, तो जैसे-तैसे हजाम बनने से काम नहीं चलेगा। आपको इस कला पर अधिकार प्राप्त करना चाहिए, और जिस तरह चिनी के हेडमास्टर और उनके शिष्यो में एक दर्जन तरुण अच्छी हजामत बना सकते हैं, वैसा अभ्यास होना चाहिए। हजामत कोई सस्ती मजूरी की चीज नहीं है। यूरोप के देशों मे तो एक हजाम एक प्रोफेसर के बराबर पैसा कमा सकता है। एसिया के भी अधिकांश भागों में दो-चार हजामत बना कर आदमी चार-पांच दिन का खर्चा जमा कर सकता है। भावी घुमक्कड तरुणो से मैं कहूँगा, कि ब्लेड से दाढ़ी-मूँछ तथा मशीन से बाल काटने तक ही सीमित न रहकर इस कला की अगली सीढ़ियो को पार कर लेना चाहिए। यह काम हाई स्कूल के अन्तिम दो वर्षों मे सीखा जा सकता है और कालेज मे तो बहुत खुशी से अपने को अभ्यस्त बनाया जा सकता है।

तरुण घुमक्कडों के लिए जैसे क्षौर कर्म लाभदायक है, वैसे ही घुमक्कड तरुणियो के लिए प्रसाधन-कला है। अपने खाली समय मे वह इसे अच्छी तरह सीख सकती है। दुनिया के किसी भी अजागल जाति या देश मे प्रसाधन-कला घुमक्कड तरुणी के लिए सहायक हो सकती है। चाहे उसे अपने काम के लिए उसकी आवश्यकता न हो, लेकिन दूसरो को आवश्यकता होती है। प्रसाधन-कला का अच्छा परिचय रखनेवाली तरुणियाँ घूमते-घामते जहाँ-तहाँ अपनी तात्कालिक

जीविका इससे अर्जित कर सकती हैं। जिस तरह क्षौर-शस्त्रो को हल्के-से हल्के रूप मे रखा जा सकता है, वैसे ही प्रसाधन-साधनो को भी थोडी-सी शीशियो और चन्द शस्त्रो तक सीमित रखा जा सकता है। हाँ, यह जरूर बतला देना है कि घुमक्कड होने का यह अर्थ नहीं कि हर घुमक्कड हर किसी कला पर अधिकार प्राप्त कर सकता है। कला के सीखने मे श्रम और लगन की आवश्यकता होती है, किंतु श्रम और लगन रहने पर भी उस कला की स्वाभाविक क्षमता न होने पर आदमी सफल नही हो सकता। इसलिए जबर्दस्ती किसी कला के सीखने की आवश्यकता नहीं। यदि एक मे अक्षमता दीख पडे, तो दूसरी को देखना चाहिए।

बिना अक्षर या भाषा के ऐसी बहुत-सी कलाएं और व्यवसाय हैं, जो घुमक्कड के लिए दुनिया के हर स्थान मे उपयोगी हो सकते हैं। उनके द्वारा चीन-जापान मे, अरब तुर्की में; और ब्राजील-अर्जन्तीन मे भी स्वच्छन्द विचर सकते है। कलाओं मे बढई, लोहार, सोनार की कलाओ को ले सकते हैं। हमारे देश मे आज भी एक ग्रेजुएट क्लर्क से बढ़ई-लोहार कम मजदूरी नही पाते। साथ ही इनकी मांग हर जगह रहती है। बढई का काम जिसे मालूम है, वह दुनिया मे कौनसा गांव या नगर है, जहां काम न पा जाय। ख्याल कीजिए आप कोरिया के एक गाव में पहुंच गए है। वहां किसी किसान के घर मे सायंकाल मेहमान हुए। सबेरे उसके मकान की किसी चीज को मरम्मत के योग्य समझकर आपने अपनी कला का प्रयोग किया। संकोच करते हुए भी किसान और कितनी ही मरम्मत करने की चीजो को आपके सामने रख देगा, हो सकता है, आप उसके लिए स्मृति-चिन्ह, कोई नई चीज बना दे। निश्चय ही समझिए आपका परिचय उसी किसान तक सीमित नही रहेगा, बल्कि इस कला द्वारा गॉव-भर के लोगो से परिचय करते देर न लगेगी। फिर तो यदि चार-छ महीने भी वहां रहना चाहे, तो भी कोई तकलीफ नहीं होगी, सारा गांव आत्मीय बन

जायगा। घुमक्कड केवल मजूरी के ख्याल से तो काम नहीं करता है। वह काम अच्छा और ज्यादा भी करेगा, किन्तु बदले में आवश्यक बहुत थोड़ी-सी चीजें लेगा। बढई, लोहार, सोनार, दर्जी, धोबी, मेज-कुर्सी-बुनकर आदि जैसी सभी कलाएं बड़े काम की साबित होंगी।

बडीसाजी, छोटी-मोटी मशीनों की मरम्मत, बिजली-मिस्त्री का काम जैसी और भी कलाएं हैं जिनकी सभी सभ्य देशों में एक-सी मांग है, और जिनको तरुण अपने हाईस्कूल के अन्तिम वर्षों या कालेज की पढ़ाई के समय सीख सकता है। घुमक्कड को कलाओ के सम्बन्ध मे यह वाक्य कठस्थ कर लेना चाहिए—"सर्वसंग्रहः कर्त्तव्यः, कः काले फलदायकः।" उसके तर्कश मे हर तरह के तीर होने चाहिएं, न जाने कौन तीर की किस समय या स्थान में आवश्यकता हो। लेकिन, इसका यह अर्थ नही कि वह दुनिया की कलाओ-व्यवसायो पर अधिकार प्राप्त करने के लिए आधा जीवन लगा दे। यहां जिन कलाओ को बात कही जा रही है, वह स्वाभाविक रुचि रखने वाले व्यक्ति के लिए अल्पकाल-साध्य हैं।

फोटोग्राफी सीखना भी घुमक्कड के लिए उपयोगी हो सकता है। आगे हम विशेषतौर से लिखने जा रहे हैं कि उच्चकोटि का घुमक्कड़ दुनिया के सामने लेखक, कवि या चित्रकार के रूप मे आता है। घुमक्कड़ लेखक बनकर सुन्दर यात्रा-साहित्य प्रदान कर सकता है। यात्रा-साहित्य लिखते समय उसे फोटो चित्रो की आवश्यकता मालूम होगी। घुमक्कड़ का कर्त्तव्य है कि वह अपनी देखी चीजों और अनुभूत घटनाओ को आने वाले घुमक्कडो के लिए लेखबद्ध कर जाय। आखिर हमे भी अपने पूर्वज घुमक्कडों की लिखी कृतियों से सहायता मिली है, उनका हमारे ऊपर भारी ऋण है, जिससे हम तभी उऋण हो सकते हैं, जब कि हम भी अपने अनुभवों को लिखकर छोड़ जायं। यात्रा-कथा लिखने वालों के लिए फोटो कैमरा उतना ही आवश्यक है, जितना कलम-कागज। सचित्र यात्रा का मूल्य अधिक होता है।

जिन घुमक्कड़ों ने पहले फोटोग्राफी सीखने की ओर ध्यान नहीं दिया, उन्हें यात्रा उसे सीखने के लिए मजबूर करेगी। इसका प्रमाण मैं स्वयं मौजूद हूं। यात्रा ने मुझे लेखनी पकड़ने के लिए मजबूर किया या नहीं, इसके बारे में विवाद हो सकता है, लेकिन यह निर्विवाद है कि घुमक्कड़ी के साथ कलम उठाने पर कैमरा रखना मेरे लिए अनिवार्य हो गया। फोटो के साथ यात्रा-वर्णन अधिक रोचक तथा सुगम बन जाता है। आप अपने फोटो द्वारा देखे दृश्यों की एक झांकी पाठक-पाठिकाओं को करा सकते हैं, साथ ही पत्रिकाओं और पुस्तकों के पृष्ठों में अपने समय के व्यक्तियों, वास्तुओं-वस्तुओं, प्राकृतिक दृश्यों और घटनाओं का रेकार्ड भी छोड़ जा सकते हैं। फोटो और कलम मिलकर आपके लेख पर अधिक पैसा भी दिलवा देंगी। जैसे जैसे शिक्षा और आर्थिक तल ऊंचा होगा, वैसे-वैसे पत्र-पत्रिकाओं का प्रचार भी अधिक होगा, और उसीके अनुसार लेख के पैसे भी अधिक मिलेंगे। उस समय भारतीय-घुमक्कड़ को यात्रा-लेख लिखने से, यदि वह महीने में दो-चार भी लिख दे, साधारण जीवन-यात्रा की कठिनाई नहीं होगी। लेख के अतिरिक्त आप यदि अपनी पीठ पर दिन में फोटो धो लेने का सामान ले चल सकें, तो फोटो खींचकर अपनी यात्रा जारी रख सकते हैं। फोटो की भाषा सब जगह एक है, इसलिए वह सर्वत्र लाभदायक होगा, इसे कहने की आवश्यकता नहीं।

स्वावलम्बी बनाने वाली सभी कलाओं पर यहां लिखना या उनकी सूची संभव नहीं है, किन्तु इतने से पाठक स्वयं जान सकते हैं, कि नगर और गॉव में रहने वाले लोगों की आवश्यकता-पूर्ति के लिए कौनसे व्यवसाय उपयोगी हो सकते हैं, और जिनको आसानी से सीखा जा सकता है। कितने ही लोग शायद फलित ज्योतिष और सामुद्रिक ( हस्तरेखा ) को भी घुमक्कड़ के लिए आवश्यक बतलायें। बहुत से लोग इन 'कलाओं' पर ईमानदारी से विश्वास कर सकते हैं, और कितने ही ऐसे हैं, जो इनका व्यवसाय नहीं करते। तो भी मैं समझता हूँ, यह आदमी की

कमजोरियों से फायदा उठाना होगा, यदि घुमक्कड़ जोतिस और सामुद्रिक के भरोसे स्वावलम्बी बनना चाहे। वंचना घुमक्कड़ धर्म के विरुद्ध चीज है, इसलिए मैं कहूँगा, घुमक्कड यदि इनसे अलग रहें तो अच्छा है। वैसे जानता हूं, अधिकांश देशों मे—जहां जबर्दस्ती मानव-समाज को धनिक-निर्धन वर्ग मे विभिक्त कर दिया गया है—लोगों का भविष्य अनिश्चित है, वहाँ जोतिस तथा सामुद्रिक पर मरने वाले हजारों मिलते हैं। यूरोप के उन्नत देशों मे भी जोतिसियो, सामुद्रिक-वेत्ताओं की पांचों घी मे देखी जाती हैं। हां, यदि घुमक्कड़ मेस्मरिज्म और हेप्नाटिज्म का अभ्यास करे, तो कभी-कभी उससे लोगों का उपकार भी कर सकता है, और मनोरंजन तो खूब कर सकता है। हाथ की सफाई, जादूगरी का भी घुमक्कड़ के लिए महत्व है। इनसे जहां लोगों का अच्छा मनोरंजन हो सकता है, वहां यह घुमक्कड़ के स्वावलम्बी होने के साधन भी हो सकते हैं।

अत मे मैं एक और ऐसी कला या विद्या की ओर ध्यान दिलाना चाहता हूँ, जिसका महत्व घुमक्कड के लिए बहुत है। वह है प्राथमिक सहायता और चिकित्सा का आरंभिक ज्ञान। मैं समझता हूं, इनका ज्ञान हरेक घुमक्कड को थोड़ा-बहुत होना चाहिए। चोट मे कैसे बांधना और किन दवाओ को लगाना चाहिए, इसे जानने के लिए न बहुत समय की आवश्यकता है न परिश्रम की ही। साधारण बीमारियो के उपचार की बाते भी दो-चार पुस्तको के देखने या किसी चिकित्सक के थोडे-से संपर्क से जानी जा सकती हैं। साधारण चीर-फाड और साधारण इन्जेक्शन देने का ढंग जानना भी आसान है। पेंसिलीन जैसी कुछ दवाइयां निकली है, जिनसे बाज समय आदमी को मृत्यु के मुंह से निकाला जा सकता है। इसके ज्ञान के लिए भी बहुत समय की आवश्यकता नही। इस प्रकार चिकित्सा का थोड़ा ज्ञान घुमक्कड़ के लिए आवश्यक है। सेर-आध-सेर भार मे चिकित्सा की सामग्री लेकर चल सके तो कोई हर्ज नही है। कभी-कभी अस्पताल और डाक्टरों

की पहुच से दूर के स्थानो से व्याधि-पीड़ित मनुष्य को देखकर घुमक्कड़ को अफसोस होने लगता है, कि क्यो मैंने चिकित्सा का थोड़ा सा ज्ञान प्राप्त नही कर लिया। व्याधि-पीडित उससे सहानुभूति की आशा रखता है, घुमक्कड का हृदय उसे देखकर आर्द्र हो जाता है, किंतु यदि चिकित्सा का कुछ भी परिचय नही है, तो अपनी विवशता पर बहुत खेद होने लगता है। इसीलिए चिकित्सा का साधारण ज्ञान घुमक्कड़ के लिए दूसरे की नहीं अपने हृदय की चिकित्सा के लिए जरूरी है।

पांच

# शिल्प और कला

घुमक्कड़ के स्वावलम्बी होने के लिए उपयुक्त कुछ बातों को हम बतला चुके हैं। क्षौरकर्म, फोटोग्राफी या शारीरिक श्रम बहुत उपयोगी काम हैं, इसमे शक नहीं; लेकिन वह घुमक्कड़ की केवल शरीर-यात्रा में ही सहायक हो सकते हैं। उनके द्वारा वह ऊंचे तल पर नहीं उठ सकता, अथवा समाज के हर वर्ग के साथ समानता के साथ घुल-मिल नहीं सकता। सभी वर्ग के लोगो में घुल-मिल जाने तथा अपने कृतित्व को दिखाने का अवसर घुमक्कड़ को मिल सकता है, यदि उसने ललित-कलाओं का अनुशीलन किया है। हाँ, यह अवश्य है कि ललित-कलाएं केवल परिश्रम के बल पर नही सीखी जा सकतीं। उनके लिए स्वाभाविक रुचि का होना भी आवश्यक है। ललित-कलाओं में नृत्य, वाद्य और गान तीनो ही अधिकाधिक स्वाभाविक रुचि तथा संलग्नता को चाहते है। नाचने से गाना अधिक कठिन है, गाने और बजाने में कौन ज्यादा कष्ट-साध्य है, इसके बारे में कहना किसी मर्मज्ञ के लिए ही उचित हो सकता है। वस्तुतः इन तीनो में कितना परिश्रम और समय लगता है, इसके बारे में मेरा ज्ञान नहीं के बराबर है। लेकिन इनका प्रभाव जो अपरिचित देश मे जाने पर देखा जाता है, उससे इनकी उपयोगिता साफ मालूम पड़ती है। यह हम आशा नहीं करते, कि जिसने घुमक्कड़ी का व्रत लिया है, जिसे कठिन से-कठिन रास्तो से दुरूह स्थानो मे जाने का शौक है, वह कोई नृत्यमडली बनाकर दिग्विजय करने निकलेगा। वस्तुतः जैसे "सिंहो के लेंहड़े नहीं" होते, वैसे ही घुमक्कड़ भी जमात बांध के

नही घूमा करते। हो सकता है, कभी दो या तीन घुमक्कड़ कुछ दिनों तक एक साथ रहे, लेकिन उन्हे तो अन्ततः अपनी यात्राए स्वयं ही पूरी करनी पड़ती हैं। हां, तरुणियों के लिए, जिनपर मैं आगे लिखूंगा, यह अच्छा है, यदि वह तीन-तीन की भी जमात बांध के घूमें। उनके आत्म-विश्वास को बढाने तथा पुरुषों के अत्याचार से रक्षा पाने के लिए यह अच्छा होगा।

नृत्य के बहुत से भेद हैं, मुझे तो उनमे सबका नाम भी ज्ञात नही है। मोटे तार से हरेक देश का नृत्य जन-नृत्य तथा उस्तादी ( क्लासिकल ) नृत्य दो रूपों में बटा दिखाई पड़ता है। साधारण शारीरिक व्यायाम में मन पर बहुत दबाव रखना पड़ता है, किन्तु नृत्य ऐसा व्यायाम है, जिसमें मन पर बलात्कार करने की आवश्यकता नहीं; उसे करते हुए आदमी को पता भी नही लगता, कि वह किसी शारीरिक परिश्रम का काम कर रहा है। शरीर को कर्मण्य रखने के लिए मनुष्य ने आदिम-काल में नृत्य का आविष्कार किया, अथवा नृत्य के लाभ को समझा। नृत्य शरीर को दृढ़ और कर्मण्य ही नहीं रखता, बल्कि उसके अंगों को भी सुडौल बनाये रखता है। नृत्य के जो साधारण गुण हैं, उन्हें घुमक्कडो से भिन्न लोगों को भी जानना चाहिए। अफसोस है, हमारे देश मे पिछली सात-आठ सदियो मे इस कला को बडी अवहेलना हुई। इसे निम्न कोटि का व्यवसाय समझ कर तथाकथित उच्च वर्ग ने छोड़ दिया। ग्रामीण मजूर-जातियाँ नृत्यकला को अपनाए रहीं, उनमें से कितने ही नृत्यों को वर्त्तमान सदी के आरम्भ तक अहीर, भर जैसी जातियों ने सुरक्षित रखा। लेकिन जब उनमे भी शिक्षा बढने लगी, तथा "बड़ों" की नकल करने की प्रवृत्ति बढ़ी, तो वह भी नृत्य को छोड़ने लगे। पिछले तीस सालो में फरी ( अहीरी ) का नृत्य युक्तप्रान्त और बिहार के जिले-के-जिले से लुप्त हो गया। जहाँ बचपन में कोई अहीर-विवाह हो ही नहीं सकता था, जिसमे वर-वधू के पुरुष संबन्धी ही नहीं बल्कि माँ और सास ने नहीं नाचा हो। रूस के परिश्रमसाध्य

सुन्दर नृत्यो को देखकर मुझे अहीरी नृत्य का स्मरण आया और १६३६ मे उसे देखने की बडी इच्छा हुई, तो बडी मुश्किल से गोरखपुर जिले मे एक जगह वह नृत्य देखने को मिला। मैं समझता था, बचपन के नृत्य का जो रूप स्मृति ने मेरे सामने रखा है, शायद वह अतिशयोक्ति-पूर्ण हो, किन्तु जब नृत्य को देखा, तो पता लगा कि स्मृति ने अतिशयोक्ति से काम नही लिया है। लेकिन इसका खेद बहुत हुआ कि इतना सुन्दर नृत्य इतनी तेजी के साथ लुप्त हो चला। उसके बाद कुछ कोशिश भी की, कि उसें प्रोत्साहन दिया जाय किन्तु मै उस अवस्था से पार हो चुका था, जबकि नृत्यको स्वयं सीख सकूं। उसके लिए आंदोलन करने को जितने समय की आवश्यकता थी, उसे भी मैं नहीं दे सकता था।

फरी (अहीरी) नृत्य के अतिरिक्त हमारे देश मे प्रदेश-भेद से विविध प्रकार के सुन्दर नृत्य चलते हैं, और बहुत-से अभी भी जीवित हैं। पिछले तीस वर्षों से सगीत और नृत्य को फिर से उज्जीवित करने का हमारे देश मे प्रयत्न हुआ है। जहां भद्र महिलाओ के लिए नृत्य-गीत परम वर्जित तथा अत्यन्त लांछनीय चीज समझी जाती थी, वहॉ अब भद्र-कुलो की लड़कियो की शिक्षा का वह एक अंग बन गया है। लेकिन अभी हमारा सारा ध्यान केवल उस्तादी नृत्य और सगीत पर है, जन-कला की ओर नही गया है। जनकला दरअसल उपेक्षणीय चीज नही है। जनकला के संपर्क के बिना उस्तादी नृत्य-संगीत निर्जीव हो जाता है। हमे आशा करनी चाहिए, कि जनकला की ओर भी ध्यान जायगा और लोगों मे जो पक्षपात उसके विरुद्ध कितने ही समय से फैला है, वह हटेगा। मैं घुमक्कड़ को केवल एक को चुनने का आग्रह नहीं कर सकता। यदि मुझे कहने का अधिकार हो, तो मैं कह सकता हूँ—घुमक्कड़ को जन-संगीत, जन-नृत्य और जन-वाद्य को प्रथम सीखना चाहिए, उसके बाद उस्तादी कला का भी अभ्यास करना चाहिए।

जनकला को मै क्यो प्रधानता दे रहा हूं, इसका एक कारण

घुमक्कडी-जीवन की सीमाएं हैं। उच्च श्रेणी का घुमक्कड़ आधे दर्जन सूटकेस, बक्स और दूसरी चीजें ढोये-ढोये सर्वत्र नहीं घूमता फिरेगा। उसके पास उतना ही सामान होना चाहिए, जितने को जरूरत पड़ने पर वह स्वयं उठा कर ले जा सके। यदि वह सितार, वीणा, पियानो जैसे वाद्यों द्वारा ही अपने गुणों को प्रदर्शित कर सकता है, तो इन सबको साथ ले जाना मुश्किल होगा। वह बाँसुरी को अच्छी तरह ले जा सकता है, उसमें कोई दिक्कत नहीं होगी। जरूरत पड़ने पर बांस जैसी पोली चीज को लेकर वह स्वयं लाल लोहे से छिद्र बना के वंशी तैयार कर सकता है। मैं तो कहूंगा : घुमक्कड के लिए बांसुरी बाजों की रानी है। कितनी सीधी-सादी, कितनी हल्की और कितनी सस्ती—किन्तु साथ ही कितने काम की है! जैसे बांसुरी बजानेवाला चतुर पुरुष अपने देश के जन तथा उस्तादी गान को बाँसुरी पर उतार सकता है, नृत्य-गीत मे सहायता दे सकता है, उसी तरह सिद्धहस्त बाँसुरीबाज किसी देश के भी गीत और नृत्य को अपनी वंशी मे उतार सकता है। कृष्ण की वंशी का हम गुणगान सुन चुके हैं, मैं उस तरह के गुणगान के लिए यहाँ तैयार नहीं हूं। मैं सिर्फ घुमक्कड की दृष्टि से उसके महत्व को बतलाना चाहता हूँ। तान को सुनकर इतना तो कोई भी समझ सकता है, कि बाँसुरी पर प्रभुत्व होना चाहिए, फिर किसी गीत और लय को मामूली प्रयास से वह अदा कर सकता है। मान लीजिए, हमारा घुमक्कड वंशी में निष्णात है। वह पूर्वी तिब्बत के खम प्रदेश में पहुँच गया है, उसको तिब्बती भाषा का एक शब्द भी नहीं मालूम है। खम प्रदेश के कितने ही भागों के पहाड जगल से आच्छादित हैं। हिमालय की ललनाओं की भांति वहां की स्त्रियाँ भी घास, लकडी या चरवाही के लिए जंगल मे जाने पर संगीत का उपयोग श्वास-प्रश्वास की तरह करती हैं। मान लीजिए तरुण घुमक्कड़ उसी समय एकाएक वहाँ पहुँचता है और किसी कोकिल कंठी के संगीत को ध्यान से सुनता है। बगल की जेब में पड़ी या जामा के कमरबंद में लगी अथवा पीठ की

भारी से पड़ी वंशी को हाथ में उठाता है। उसे मुंह पर लगाकर धीरे-धीरे कोकिल-कंठी के लय को उतारने की कोशिश करता है और थोड़े समय मे उसको पकड़ लेता है। जनगीतों के लय बहुत सरल होते हैं, किन्तु उसका अर्थ यह नहीं कि उसमे मनोहारिता की कमी होती है। तरुण दस-पाँच मिनट के परिश्रम के बाद अब किसी देवदार की घनी छाया के नीचे बैठा कोकिलकंठी के गान को अपनी वंशी मे अलापने लगता है। वंशी का स्वर आस-पास मे रहने वाली कोकिल-कंठियों को अपनी ओर खींचे बिना नहीं रहेगा। आगन्तुक को परिचय करने के लिए कोशिश करने की आवश्यकता नहीं, स्वयं कोकिल-कंठी और उसकी सहचरियाँ यमुना किनारे ब्रज की गोपिकाओ की भांति विह्वल हो उठेंगी। आगन्तुक तरुण खम्पा लोगों की भाषा नही जानता, उसकी सूरत मंगोलियन नहीं है, इससे कोकिल-कंठी समझ जायगी कि यह कोई विदेशी है। किन्तु वह तान तो विदेशी नहीं है। अब भाषा न जानने की बाधा हवा हो जायगी और तरुण घुमक्कड़ परमपरिचित बन जायगा। इशारे से वह सारी बातें जान जायंगी और उनके मन मे यह ध्यान आ जायगा कि इस अपरिचित प्रवासी को अकेले निरीह नही छोड़ना चाहिए। बस दो तानों की और आवश्यकता होगी, फिर वह व्यक्ति खम देश के पहाड़ो में भी अपने को वैसे ही समझेगा, जैसे कि वह भारत के किसी कोने मे हो। यदि बीणा, सितार जैसे लम्बे, भारी बाजो को वहाँ ले जाया जा सके, तो सिद्धहस्त घुमक्कड़ उनके द्वारा अपने गुण का परिचय दे सकेगा, किन्तु क्या वह उन्हें उसी तरह साथ ले जा सकता है, जैसे वंशी को। इसीलिए मैं वंशी को घुमक्कड़ का आदर्श वाद्य कहता हूँ।

वंशी हो या कोई भी वाद्य, उसका सीखना उसी व्यक्ति के लिए सुगम और अल्पसमय-साध्य है जिसकी संगीत के प्रति स्वतः रुचि है। मैं एक बारह-तेरह वर्ष के लड़के के बारे मे जानता हूं। उसे वंशी बजाने का शौक था। खेल-खेल में वंशी बजाना उसने शुरू किया, किसी

के पास सीखने नही गया। जो कोई गाना सुनता, उसे अपनी वंशी में उतारने की कोशिश करता। इस प्रकार १२-१३ वर्ष की उम्र मे वंशी उसकी हो गई थी। जिसमें स्वाभाविक रुचि है, उसे वंशी को अपनाना चाहिए। लेकिन इसका यह अर्थ नहीं, कि जिसका दूसरे बाद्यों से प्रेम है, वह उन्हे छूए नहीं। वंशी को तो उसे कम-से-कम अवश्य ही सीख लेना चाहिए, इसके बाद चाहे तो और भी वाद्यो को सीख सकता है। बेहतर यह भी है कि अवसर होने पर आदमी एकाध विदेशी वाद्यों का भी परिचय प्राप्त कर ले। पहली यूरोपयात्रा मे मैं जिस जहाज मे जा रहा था, उसमे यूरोपीय नर-नारी काफी थे, और सायंकाल को नृत्यमंडली जम जाती थी। अधिकतर वह ग्रामोफोन रिकार्डों से बाजे का काम लेते थे। मेरे एक भारतीय तरुण साथी उसी जहाज से जा रहे थे, वह भारतीय बाजो के अतिरिक्त पियानो भी बजाते थे। लोगों ने उन्हे ढूंढ लिया, और दो ही दिनो में देखा गया, वह सारी तरुण-मडली के दोस्त हो गए। जैसे जहाज मे हुआ, वैसे ही यदि यूरोप के किसी गाँव मे भी वह पहुँचते, तो वहां भी यही बात होती।

वाद्य से नृत्य लोगो को मित्र बनाने मे कम सहायक नही होता। जिसकी उधर रुचि है, और यदि वह एक देश के २०-३० प्रकार के नृत्य को अच्छी तरह जानता है, उसे किसी देश के नृत्य को सीखने में बहुत समय नहीं लगेगा। यदि वह नृत्य मे दूसरों के साथ शामिल हो जाय तो एकमयता के बारे मे क्या कहना है! मैं अपने को भाग्यहीन समझता हूं, जो नृत्य, वाद्य और संगीत में से मैंने किसीको नहीं जान पाया। स्वाभाविक रुचि का भी सवाल था। नवतरुणाई के समय प्रयत्न करने पर कुछ सीख जाता, इसमे भारी सदेह है। मैं यह नहीं कहता कि नृत्य, गीत, वाद्य को बिना सीखे घुमक्कड़ कृतकार्य नहीं हो सकता, और न यही कहता हूँ कि केवल परिश्रम करके आदमी इन ललित-कलाओं पर अधिकार प्राप्त कर सकता है। लेकिन इनके लाभ को देखकर भावी घुमक्कड़ों से कहूंगा कि कुछ भी रुचि होने पर वह

संगीत-नृत्य-वाद्य को अवश्य सीखें।

नृत्य जान पड़ता है, वाद्य और संगीत से कुछ आसान है। कितनी ही वार बहुत लालसा से नवतरुणियो की प्रार्थना को स्वीकार करके मैं अखाड़े मे नहीं उतर सका। कितनों को तो मेरे यह कहने पर विश्वास नहीं हुआ, कि मैं नाचना नहीं जानता। यूरोप मे हरेक व्यक्ति कुछ-न-कुछ नाचना जानता है। पिछले साल (१९४८) किन्नरदेश के एक गाँव की बात याद आती है। उस दिन ग्राम में यात्रोत्सव था। मन्दिर की तरफ से घड़ो नहीं कुंडों शराब बाँटी गई। बाजा शुरू होते ही अखाड़े मे नर-नारियों ने गोल पाती (मंडली) बनानी शुरू की, जो बढ़ते-बढ़ते तेहरी पंक्ति मे परिणत हो गई। किन्नरियों का कठ जितना ठोस और मधुर होता है, उनका सगीत जितना सरल और हृदयग्राही होता है, नृत्य उतना क्या, कुछ भी नहीं होता। उस नृत्य में वस्तुतः परिश्रम होता नही दिख रहा था। जान पड़ता था, लोग मजे से एक चक्कर मे धीरे-धीरे टहल रहे हैं। बस बाजे की तान पर शरीर जरा-सा आगे-पीछे झुक जाता। इस प्रकार यद्यपि नृत्य आकर्षक नही था, किन्तु यह तो देखने मे आ रहा था कि लोग उसमे सम्मिलित होने के लिए बड़े उत्सुक हैं। हमारे ही साथ वहाँ पहुंचे कचहरी के कुछ कायस्थ (लिपिक) और चपरासी मौजूद थे। मैने देखा, कुछ ही मिनटो मे शराब की लाली आँखो मे उतरते ही बिना कहे ही वह नृत्य-मंडली मे शामिल हो गए, और अब उसी गाँव के एक व्यक्ति की तरह झूमने लगे। मैं वहाँ प्रतिष्ठित मेहमान था। मेरे लिए खास तौर से कुर्सी लाकर रखी गई थी। मैं उसे पसन्द नही करता था। मुझे अफसोस हो रहा था—काश, मैं थोड़ा भी इस कला मे प्रवेश रखता! फिर तो निश्चय ही मन्दिर की छत पर कुर्सी न तोड़ता, बल्कि मंडली मे शामिल हो जाता। उससे मेरे प्रति उनके भावो में दुष्परिवर्तन नही होता। पहले जैसे मै दूर का कोई भद्र पुरुष समझा जा रहा था, नृत्य में शामिल होने पर उनका आत्मीय बन जाता। घुमक्कड़ नृत्यकला मे अभिज्ञ होकर यात्राओं को

बहुत सरस और आकर्षक बना सकता है, उसके लिए सभी जगह आत्मीय बंधु सुलभ हो जाते हैं। नृत्य, संगीत और वाद्य वस्तुत. कला नही, जादू हैं। पहिले बतला चुका हूँ, कि घुमक्कड मानवमात्र को अपने समान समझता है, नृत्य तो क्रियात्मक रूप से आत्मीय बनाता है।

जिसकी संगीत की ओर प्रवृत्ति है, उसे भारतीय सगीत के साथ कुछ विदेशी संगीत का भी परिचय प्राप्त करना चाहिए। अपने देश के भोजन की तरह ही अपना सगीत भी अधिक प्रिय लगता है। आरंभ में तो आदमी अपने सगीत का अध पक्षपाती होता है, और दूसरे देश के संगीत की अवहेलना करता है, तुच्छ समझता है। आदमी ऐसा जान-बूझकर नहीं करता, बल्कि जिस तरह विदेशी भोजन मे रुचि के लिए अभ्यास की आवश्यकता होती है, वही बात संगीत के बारे मे भी है। लेकिन जब विदेशी संगीत को ध्यान से सुनता है, बारीकियो से परिचय प्राप्त करता है, तो उसमे भी रस आने लगता है। यह अफसोस की बात है, कि हमारे देश मे विदेशी संगीत को गुणीजन भी अवहेलना की दृष्टि से देखते है; इससे वह दूसरों को हानि नही पहुँचा सकते, हाँ, अपने सम्बन्ध में अवश्य बुरी धारणा पैदा करा सकते है। हम विदेशी सगीत के साथ सहानुभूति का अभ्यास कर इस कमी को दूर कर सकते हैं। सगीत, विशेषकर विदेशी सगीत के परिचय मे भी बहुत सुभीता होगा, यदि हम पश्चिम की संगीत की संकेत-लिपि को सीखे। हमारे देश मे अपनी अलग स्वरलिपि बनाई गई है, और उसमे भी भिन्न-भिन्न आचार्यों ने अलग-अलग स्वरलिपि चलानी चाही है। पाश्चात्य स्वर-लिपितोक्यो, रोम से सानफ्रांसिस्को तक प्रचलित है। कोई जापानी यह शिकायत करते नही पाया जाता कि उसका संगीत पश्चिमी स्वरलिपि मे नहीं लिखा जा सकता। लेकिन हमारे गुणी कहते है, कि भारतीय-सगीत को पश्चिमी स्वरलिपि मे नहीं उतारा जा सकता। पहले तो मैं यह कहने का साहस नहीं कर सकता था, लेकिन रूस के एक तरुण संगीतज्ञ ने जब भारतीय ग्रामोफोन रेकार्ड से हमारे उस्तादी संगीत को

यूरोपीय स्वरलिपि में उतार कर पियानो पर बजा दिया, उस दिन से मुझे विश्वास हो गया, कि हमारे संगीत को पश्चिमी स्वरलिपि मे उतारा जा सकता है। हाँ, उसमे जहाँ-तहाँ हल्का-सा परिवर्तन करना पडेगा। आखिर संस्कृत और पाली लिखने के लिए भी रोमन लिपि का प्रयोग करते वक्त थोडे-से सकेतो में परिवर्तन की आवश्यकता पडी। संगीत के संबंध मे भी उसी तरह कुछ चिन्ह बढाने पडे गे। मैं समझता हूं, पश्चिमी स्वरलिपि को न अपनाकर हम अपनी हानि कर रहे हैं। जिन देशों मे वह स्वरलिपि स्वीकार कर ली गई है, वहाँ लाखो लड़के-लड़कियाँ इस स्वरलिपि मे छपे ग्रन्थो से संगीत का आनन्द लेते हैं। हमारा संगीत यदि पश्चिमी स्वरलिपि मे लिखा जाय, तो वहाँ के संगीत-प्रेमियो को उससे परिचय प्राप्त करने का अच्छा अवसर मिलेगा, और फिर वह हमारी चीज की कद्र करने लगेगे।

खैर, पश्चिमी स्वरलिपि को हमारे गुणिजन कब स्वीकार करेंगे, इसे समय बतलायगा, किन्तु हमारे घुमक्कड़ो के पास तो ऐसी संकीर्णता नहीं फटकनी चाहिए। उन्हे पश्चिमी स्वरलिपि द्वारा भी संगीत सीखना चाहिए। इसके द्वारा वह स्वदेशी और विदेशी दोनों संगीतो के पास पहुंच सकते हैं, उनका आनन्द ले सकते है; इतना ही नही, बल्कि अज्ञात देशो मे जाकर उनके संगीत का आसानी से परिचय प्राप्त कर सकते हैं।

सक्षेप मे यह कहा जा सकता है, कि घुमक्कड़ के लिए नृत्य, वाद्य और संगीत तीनों का भारी उपयोग है। वह इन ललित-कलाओं द्वारा किसी भी देश के लोगों मे आत्मीयता स्थापित कर सकता है, और कहीं भी एकान्तता का अनुभव नहीं कर सकता। जो बात इन ललित-कलाओ और तरुण घुमक्कड़ों के लिए कही गई है, वही बात तरुणी-घुमक्कड़ों के लिए भी हो सकती है। घुमक्कड़-तरुणी को नृत्य-वाद्य-संगीत का अभ्यास अवश्य करना चाहिए। घूमने में बहुत सुभीता होगा, यदि वह पुस्तकी ज्ञान से ऊपर उठकर संगीत के समुद्र में गोता लगायें।

८

# पिछड़ी जातियों में

बाहरवालो के लिए चाहे वह कष्ट, भय और रूखेपन का जीवन मालूम होता हो, लेकिन घुमक्कडी-जीवन घुमक्कड़ के लिए मिसरी का लड्डू है, जिसे जहाँ से खाया जाय वहीं से मीठा लगता है—मीठा से मतलब स्वादु से है। सिर्फ मिठाई मे ही स्वाद नहीं है, छओ रसों में अपना-अपना मधुर स्वाद है। घुमक्कड की यात्रा जितनी कठिन होगी, उतना ही अधिक उसमें उसको आकर्षण होगा। जितना ही देश या प्रदेश अधिक अपरिचित होगा, उतना ही अधिक वह उसके लिए लुभावना रहेगा। जितनी ही कोई जाति ज्ञान-क्षेत्र से दूर होगी, उतनी ही वह घुमक्कड़ के लिए दर्शनीय होगी। दुनिया मे सबसे अज्ञात देश और अज्ञात दृश्य जहाँ हैं, वहीं पर सबसे पिछड़ी जातियाँ दिखाई पडती है। घुमक्कड़ प्रकृति या मानवता को तटस्थ की दृष्टि से नहीं देखता, उनके प्रति उसकी अपार सहानुभूति होती है और यदि वह वहाँ पहुंचता है, तो केवल अपनी घुमक्कडी प्यास को ही पूरा नहीं करता, बल्कि दुनिया का ध्यान उन पिछडी जातियो की ओर आकृष्ट करता है, देशभाइयों का ध्यान छिपी सपत्ति और वहां विचरते मानव की दरिद्रता की ओर आकर्षित करने के लिए प्रयत्न करता है। अफ्रीका, एसिया या अमेरिका की पिछडी जातियों के वारे मे घुमक्कडों का प्रयत्न सदा स्तुत्य रहा है। हाँ, मैं यह प्रथम श्रेणी के घुमक्कड़ों की बात कहता हूं, नही तो कितने ही साम्राज्य-लोलुप घुमक्कड़ भी समय-समय पर इस परिवार को बद-नाम करने के लिए इसमें शामिल हुए और उनके ही प्रयत्न का परिणाम

हुआ, तस्मानियन जाति का विश्व से उठ जाना, दूसरी बहुत-सी जातियो का पतन के गर्त मे गिर जाना। हमारे देश मे भी अंग्रेजों की ओर से आंख पोछने के लिए ही आदिम जातियों की ओर ध्यान दिया गया और कितनी ही बार देश की परतन्त्रता को मजबूत करने के लिए उनमे राष्ट्रीयता-विरोधी-भावना जागृत करने की कोशिश की गई। भारत में पिछडी जातियो की संख्या दो सौ से कम नहीं है। यहाँ हम उनके नाम दे रहे हैं, जिनमे भावी घुमक्कड़ों में से शायद कोई अपना कार्य-क्षेत्र बनाना चाहे। पहले हम उन प्रान्तों की जातियो के नाम देते हैं, जिनमे हिन्दी समझी जा सकती है—

१. युक्त प्रांत मे—

(१) भुइयाँ
(२) बैसवार
(३) बैगा
(४) गोंड
(५) खरवार
(६) कोल
(७) ओझा

२. पूर्वी पंजाब के स्पिती और लाहुल इलाके में तिब्बती-भाषा-भाषी जातियां बसती हैं, जो आंशिक तौर से ही पिछड़ी हुई हैं।

३. बिहार में—

(१) असुर
(२) बनजारा
(३) बथुडी
(४) बेटकर
(५) बिझिया
(६) बिरहोर
(७) बिर्जिया
(८) चेरो
(९) चिकबडाइक
(१०) गडबा
(११) घटवार
(१२) गोंड
(१३) गोराइत
(१४) हो
(१५) जुआंग
(१६) करमाली
(१७) खडिया
(१८) खडवार
(१९) खेतौडी
(२०) खोंड

(२१) क़िसान
(२२) कोली
(२३) कोरा
(२४) कोरवा
(२५) महली
(२६) मलपहड़िया
(२७) मुंडा
(२८) उड़ॉव
(२९) पढ़िया
(३०) सथाल
(३१) सौरियापहड़िया
(३२) सवार
(३३) थारू

इनके अतिरिक्त निम्न जातियाँ भी बिहार मे हैं—

(३४) बौरिया
(३५) भोगता
(३६) भूमिज
(३७) वासी
(३८) पान
(३९) रजवार
(४०) तुरी

## ४. मध्यप्रदेश मे—

(१) गोंड
(२) कवार
(३) मरिया
(४) मुरिया
(५) हल्बा
(६) परधान
(७) उडॉव
(८) बिंझवार
(९) अंध
(१०) भरिया-भुमिया
(११) कोली
(१२) भन्द्रा
(१३) बैगा
(१४) कोलम्
(१५) भील
(१६) भुंइहार
(१७) धनवार
(१८) भैना
(१९) परजा
(२०) कमार
(२१) भुंजिया
(२२) नगरची
(२३) ओझा
(२४) कोरकू
(२५) कोल
(२६) नगासिया
(२७) सवारा
(२८) कोरवा

(२९) मक्कवार
(३०) खड़िया
(३१) सौंता
(३२) कोंध
(३३) निहाल
(३४) बिरहुल ( बिरहोर )
(३५) रौंतिया
(३६) पंडो

५. मद्रास प्रांत—हिन्दी भाषा-भाषी प्रांतों के बाहर पहले मद्रास प्रांत को ले लीजिए—

(१) बगता
(२) भोट्टदास
(३) भुमियां
(४) बिसोई
(५) ढक्कदा
(६) डोम्ब
(७) गडबा
(८) घासी
(९) गोंडी
(१०) गौड्ड
(११) कौसल्यागौड्ड
(१२) मगथा गौड्ड
(१३) सीरिथी गौड्ड
(१४) होलवा
(१५) जदपू
(१६) जटपू
(१७) कम्मार
(१८) खत्तीस
(१९) कोड्ड
(२०) कोम्मार
(२१) कोंडाधारा
(२२) कोंडा-कापू
(२३) कोंडा-रेड्डी
(२४) कोटिया
(२५) कोया ( गोंड )
(२६) मदिगा
(२७) माला
(२८) माली
(२९) मौने
(३०) मन्नाढोरा
(३१) मुरा ढोरा
(३२) मूली
(३३) मुरिया
(३४) ओजुलू
(३५) ओमा नैतो
(३६) पैगारपो
(३७) पलसी
(३८) पल्ली
(३९) पेंतिया
(४०) पोरजा
(४१) रेड्डी ढोरा
(४२) रेल्ली ( सचंडी )

(४३) रोना (४४) सवर

६. बंबई—मद्रास की पिछड़ी जातियों में घुमक्कड़ के लिए हिंदी उतनी सहायक नहीं होगी, किन्तु बम्बई में उससे काम चल जायगा। बम्बई की पिछड़ी जातियां हैं—

(१) वर्दा
(२) बवचा
(३) भील
(४) चोधरा
(५) ढ़ंका
(६) धोदिया
(७) दुबला
(८) गमटा
(९) गोंड
(१०) कठोदी ( कटकरी )
(११) कोकना
(१२) कोली महादेव
(१३) मवची
(१४) नायक
(१५) परधी
(१६) पटेलिया
(१७) पोमला
(१८) पोवारा
(१९) रथवा
(२०) तदवी भील
(२१) ठाकुर
(२२) बलवाई
(२३) वर्ली
(२४) वसवा

७. ओडीसा में—

(१) बगता
(२) बनजारी
(३) बे पू
(४) गदबो
(५) गोंड
(६) जटपू
(७) खोंड
(८) कोंडाडोरा
(९) कोया
(१०) परोजा
(११) सौरा (सवार)
(१२) उरांव
(१३) सथाल
(१४) खड़िया
(१५) मुंडा
(१६) बनजारा
(१७) बिझिया
(१८) किसान
(१९) कोली
(२०) कोरा

८. पश्चिमी बंगाल में—

(१) बोटिया
(२) चकमा
(३) कूकी
(४) लेपचा
(५) मुंडा
(६) माव
(७) म्रो
(८) उडाव
(९) सथाल
(१०) टिपरा

९ आसाम मे निम्न जातियाँ है—

(१) कछारी
(२) बोरो-कछारी
(३) राभा
(४) मिरी
(५) लालुङ्
(६) मिकिर
(७) गारो
(८) हजोनूफी
(९) देवरी
(१०) अबोर
(११) मिस्मी
(१२) डफला
(१३) सिङ्फो
(१४) खम्प्ती
(१५) नागा
(१६) कूकी

यह पिछडी जातियां दूर के घने जंगलो और जंगल से ढके दुर्गम पहाडो मे रहती हैं, जहां अब भी बाघ, हाथी और दूसरे श्वापद निर्द्वन्द्व विचरते हैं। जो पिछडी जातियां अपने प्रान्त मे रहती है, शायद उनकी ओर घुमक्कड का ध्यान नही आकृष्ट हो क्योंकि यात्रा चार छ सौ मील की भी न हो तो मजा क्या? १००-५०० मील पर रहने वाले तो घर की मुर्गी साग बराबर है। लेकिन आसाम की पिछडी जातियो का आकर्षण भी कम नही होगा। आसाम की एक ओर उत्तरी बर्मा की दुर्गम पहाड़ी भूमि तथा पिछडी जातियां हैं, और दूसरी तरफ रहस्यमय तिब्बत है। स्वयं यहां की पिछडी जातियां एक रहस्य है। यहां नाना मानव वंशो का समागम है। इनमे कुछ उन जातियो से सबन्ध रखती हैं जो स्याम (थाई) और कबोज मे बसती हैं; कुछ का संबन्ध तिब्बती जाति से है। जहां ब्रह्मपुत्र ( लौहित्य ) तिब्बत के गगनचुम्बी पर्वतों को तोड़-

कर पूरब से अपनी दिशा को एकदम दक्खिन की ओर मोड देती है, वही से यह जातियां आरम्भ होती हैं। इनमे कितनी ही जगहें हैं, जहां घने जंगल हैं, वर्षा तथा गर्मी होती है, लेकिन कितनी ऐसी जगहे भी हैं, जहा जाडों मे बर्फ पडा करती है। मिस्मी, मिकिर, नागा आदि जातियां तथा उनके पुराने सीधे-सादे रिवाज घुमक्कड का ध्यान आकृष्ट किये बिना नहीं रह सकते। हमारे देश से बाहर भी इस तरह की पिछडी जातियां बिखरी पडी हुई हैं। जहां शासन धनिक वर्ग के हाथ में है, वहां आशा नहीं की जा सकती कि इस शताब्दी के अन्त तक भी ये जातियां अन्धकार से आधुनिक प्रकाश मे आ सकेंगी।

मै यह नहीं कहता कि हमारे घुमक्कड विदेशी पिछडी जातियो मे न जायं। यदि संभव हो तो मै कहूंगा, वह ध्रुवकक्षीय एस्किमो लोगों के चमड़े के तम्बुओं में जायं, और उस देश की सर्दी का अनुभव प्राप्त करें, जहां की भूमि लाखो वर्षों से आज भी बर्फ बनी हुई है, जहां तापांक हिमबिन्दु से ऊपर उठना नही जानता। लेकिन मै भारतीय घुमक्कड को यह कहूँगा, कि हमारे देश की आरण्यक-जातियो मे उसके साहस और जिज्ञासा के लिए कम क्षेत्र नहीं है। पिछडी जातियो मे जाने वाले घुमक्कड को कुछ खास तैयारी करने की आवश्यकता होगी। भाषा न जानने पर भी ऐसे देशों में जाने मे कितनी ही बातो का सुभीता होता है, जहा के लोग सभ्यता की अगली सीढ़ी पर पहुँच चुके है, किन्तु पिछडी जातियो मे बहुत बातो की सावधानी रखनी पडती है। सावधानी का मतलब यह नही कि अंग्रेजो की तरह वह भी पिस्तौल बन्दूक लेकर जायं। पिस्तौल-बन्दूक पास रखने का मै विरोधी नही हूं। घुमक्कड को यदि वन्य और भयानक जंगलो मे जाना हो, तो अवश्य हथियार लेकर जाय। पिछडी जातियो मे जानेवाले को वैसे भी अच्छा निशानची होना चाहिए, इसके लिए चांदमारी मे कुछ समय देना चाहिए। वन्यमानवों को तो उन्हे अपने प्रेम और सहानुभूति से जीतना होगा। भ्रम या संदेह वश यदि खतरे मे पड़ना हो, तो उसकी पर्वाह नहीं। वन्यजातियां भी

अपरिमित मैत्री भावना से पराजित होती हैं। हथियार का अभ्यास सिर्फ इसीलिए आवश्यक है कि घुमक्कड़ को अपने इन बन्धुओं के साथ शिकार मे जाना पड़ेगा। पिछड़ी जातियों मे जानेवाले को उनके सामाजिक जीवन में शामिल होने की बड़ी आवश्यकता है। उनके हरेक उत्सव, पर्व तथा दूसरे दुखःसुख के अवसरो पर घुमक्कड़ को एकात्मता दिखानी होगी। हो सकता है, आरंभ में अधिक लज्जाशील जातियो मे फोटो कैमरे का उपयोग अच्छा न हो, किन्तु अधिक परिचय हो जाने पर हर्ज नहीं होगा। घुमक्कड़ को यह भी ख्याल रखना चाहिए, कि वहाँ की घड़ी धीमी होती है, काम के लिए समय अधिक लगता है।

आसाम की वन्यजातियों मे जाने के लिए भाषा का ज्ञान भी आवश्यक है। आसाम के शिवसागर, तेजपुर, ग्वालपाड़ा आदि छोटे-बड़े सभी नगरो में हिंदीभाषी निवास करते हैं। वहाँ जाकर इन जातियों के बारे में ज्ञातव्य बाते जानी जा सकती हैं। अंग्रेजों की लिखी पुस्तकों[1] से भी भूमि, लोग, रीति-रिवाज तथा भाषा के बारे मे कितनी ही बातें जानी जा सकती हैं। लेकिन स्मरण रखना चाहिए, स्थान पर जा अपने उन बन्धुओ से जितना जानने का मौका मिलेगा, उतना दूसरी तरह से नहीं।

पिछड़ी जातियों के पास जीवनोपयोगी सामग्री जमा करने के साधन पुराने होते है। वहाँ उद्योग-धधे नही होते, इसीलिए वह ऐसी जगहों पर ही जीवित रह सकती है, जहाँ प्रकृति प्राकृतिक रूप मे भोजन-छाजन देने में उदार है, इसीलिए वह सुन्दर-से-सुन्दर आरण्यक और पार्वत्य-दृश्यों के बीच मे वास करती है। घुमक्कड़ इन प्राकृतिक सुषमाओं का स्वयं आनन्द ले सकता है और अपनी लेखनी तथा तूलिका द्वारा दूसरो को भी दिला सकता है। घुमक्कड़ को पहली बात जो ध्यान रखनी

१ हटन, मिल्स, हडसन आदि की पुस्तके, जिन्हे आसाम सरकार ने प्रकाशित किया।

है, वह है समानता का भाव—अर्थात् उन लोगों में समान रूप से घुल-मिल जाने का प्रयत्न करना। शारीरिक मेहनत का वहाँ भी उपयोग हो सकता है, किन्तु वह जीविका कमाने के लिए उतना नहीं, जितना कि आत्मीयता स्थापित करने के लिए। नृत्य और वाद्य यह दो चीजें ऐसी हैं, जो सबसे जल्दी घुमक्कड़ को आत्मीय बना सकती हैं। इन लोगों में नृत्य, वाद्य और संगीत श्वास की तरह जीवन के अभिन्न अंग हैं। बंशीवाले घुमक्कड़ को पूरी बन्धुता स्थापित करने के लिए दो दिन की आवश्यकता होगी। यद्यपि सभ्यता का मानदंड सभी जातियों का एक-सा नहीं है और एक जगह का सभ्यता-मानदंड सभी जगह मान्य नहीं हुआ करता; इसका यह अर्थ नहीं कि उसकी हर समय अवहेलना की जाय; तो भी सभ्य जातियों में जाने पर उनका अनुसरण अनुकरणीय है। यदि कोई यूरोपीय जूठे प्याले में चम्मच डालकर उससे फिर चीनी निकालने लगता है, तो हमारे शुद्धिवादी भाई नाक-भौं सिकोड़ते हैं। यूरोपीय पुरुष को यह समझना मुश्किल नहीं है, क्योंकि चिकित्सा-विज्ञान में जूठ के संपर्क को हानिकर बतलाया गया है। इसी तरह हमारे सभ्य भारतीय भी कितनी ही बार भद्दी गलती करते हैं, जिसे देखकर यूरोपीय पुरुष को घृणा हो जाती है; जूठ का विचार रखते हुए भी वह कान और नाक के मल की ओर ध्यान नहीं देते। लोगों के सामने दाँत में अंगुली डाल के खरिका करते हैं, यह पश्चिम के भद्रसमाज में बहुत बुरा समझा जाता है। इसी तरह हमारे लोग नाक या आँख पोंछने के लिए रूमाल का इस्तेमाल नहीं करते, और उसके लिए हाथ को ही पर्याप्त समझते हैं, अथवा बहुत हुआ तो उनकी धोती, साड़ी का कोना ही रूमाल का काम देता है। यह बातें शुद्धिवाद के विरुद्ध हैं।

पिछड़ी जातियों के भी कितने ही रीति-रिवाज हो सकते हैं, जो हमारे यहाँ से विरुद्ध हों; लेकिन ऐसे भी नियम हो सकते हैं, जो हमारी अपेक्षा अधिक शुद्धता और स्वास्थ्य के अनुकूल हों। रीति-रिवाजों की स्थापना में सर्वदा कोई पक्का तर्क काम नहीं करता। अज्ञात शक्तियों के कोप

का भय कभी शुद्धि के ख्याल मे काम करता है, कभी किसी अज्ञात भय का आतंक। नवीन स्थान में जाने पर यह गुर ठीक है कि लोगो को जैसा करते देखो, उसकी नकल तुम भी करने लगो। ऐसा करके हम उनको अपनी तरफ आकृष्ट करेंगे और बहुत देर नही होगी, वह अपने हृदय को हमारे लिए खोल देंगे।

वन्यजातियों में जानेवाला घुमक्कड केवल उन्हे कुछ दे ही नही सकता, बल्कि उनसे कितनी ही वस्तुएं ले भी सकता है। उसकी सबसे अच्छी देन हैं दवाइयां, जिन्हे अपने पास अवश्य रखना और समय-समय पर अपनी व्यावहारिक बुद्धि से प्रयोग करना चाहिए। यूरोपीय लोग शीशे की मनियाँ, गुरियो और मालाओ को ले जाकर बाँटते हैं। जिसको एक-दो दिन रहना है, उसका काम इस तरह चल सकता है। घुमक्कड यदि मानव-वंश, मानव-तत्व का कामचलाऊ ज्ञान रखता है, नृतत्व के बारे मे रुचि रखता है, तो वहां से बहुत-सी वैज्ञानिक महत्व की चीजें प्राप्त कर सकता है। स्मरण रखना चाहिए कि प्रागैतिहासिक मानव-इतिहास का परिज्ञान करने के लिए इनकी भाषा और कारीगरी बहुत सहायक सिद्ध हुई है। घुमक्कड मानव-तत्व की समस्याओं का विशेषतः अनुशीलन करके उनके बारे मे देश को बतला सकता है, उनकी भाषा की खोज करके भाषा-विज्ञान के संबंध में कितने ही नये तत्वों को ढूंढ निकाल सकता है। जनकला तो इन जातियो की सबसे सुन्दर चीज है, वह सिर्फ देखने-सुनने मे ही रोचक नहीं है, बल्कि संभव है, उन से हमारी सभ्यता और सांस्कृतिक कला को भी कोई नई चीज मिले।

वन्यजातियों से एकरूपता स्थापित करने के लिए एक अंग्रेज विद्वान ने उन्हींकी लड़की ब्याह ली। घुमक्कड़ के लिए विवाह सबसे बुरी चीज है, इसलिए मैं समझता हूँ, इस सस्ते हथियार को इस्तेमाल नहीं करना चाहिए। यदि घुमक्कड़ को अधिक एक बनने की चाह है, तो वह वन्यजातियों की पर्णकुटी मे रह सकता है, उनके भोजन से तृप्ति प्राप्त कर सकता है, फिर एकतापादन के लिए ब्याह करने की आवश्य-

कता नहीं। घुमक्कड़ ने सदा चलते रहने का व्रत लिया है, वह कहाँ-कहाँ ब्याह करके आत्मीयता स्थापित करता फिरेगा? वह अपार सहानुभूति, बुद्ध के शब्दों में—अपरिमित मैत्री—तथा उनके जीवन या जन-कला मे प्रवीणता प्राप्त करके ऐसी आत्मीयता स्थापित कर सकेगा, जैसी दूसरी तरह सभव नहीं है। कहीं वह सायकाल को किसी गाँव में चटाई पर बैठा किसी वृद्धा से युगो से दुहराई जाती कथा सुन रहा है, कहीं स्वच्छंदता और निर्भीकता की साकार मूर्ति वहाँ के तरुण-तरुणियों की मंडली मे वशी बजा उनके गीतो को दुहरा रहा है; वह है ढंग जिससे कि वह अपने को उनसे अभिन्न साबित कर सकेगा। छ महीने-वर्ष भर रह जाने पर पारखी घुमक्कड़ दुनिया को बहुत-सी चीजें उनके बारे मे दे सकता है।

आदमी जब अछूती प्रकृति और उसकी औरस संतानों मे जाकर महीनों और साल बिताता है, उस वक्त भी उसे जीवन का आनन्द आता है। वह हर रोज नये-नये आविष्कार करता है। कभी इतिहास, कभी नृवंश, कभी भाषा और कभी दूसरे किसी विषय में नई खोज करता है। जब वह वहाँ से, समय और स्थान दोनों मे दूर चला जाता है, तो उस समय पुरानी स्मृतियां बड़ी मधुर थाती बनकर पास रहती हैं। वह यद्यपि उसके लिए उसके जीवन के साथ समाप्त हो जायंगी, किन्तु मौन तपस्या करना जिनका लक्ष्य नहीं है, वह उन्हें अंकित कर जायेंगे, और फिर लाखों जनों के सम्मुख वह मधुर दृश्य उपस्थित होते रहेंगे।

वन्यजातियों मे घूमना, मनन, अध्ययन करना एक बहुत रोचक जीवन है। भारत मे इस काम के लिए काफी प्रथम श्रेणी के घुमक्कड़ों की आवश्यकता है। हमारे कितने ही तरुण व्यर्थ का जीवन-यापन करते है। उस जीवन को व्यर्थ ही कहा जायगा, जिससे आदमी न स्वय लाभ उठाता है न समाज को ही लाभ पहुंचाता है। जिसके भीतर घुमक्कड़ी का छोटा-मोटा भी अंकुर है, उससे तो आशा नहीं की जा सकती, कि वह अपने जीवन को इस तरह बेकार करेगा। किन्तु बाज़ वक्त घुमक्कड़ी

की महिमा को आदमी जान नही पाता और जीवन को मुफ्त में खो देता है। आज दो तरुणों की स्मृति मेरे सामने है। दोनों ने पच्चीस वर्ष की आयु से पहले ही अपने हाथो अपने जीवन को समाप्त कर दिया। उनमे एक इतिहास और संस्कृत का असाधारण मेधावी विद्यार्थी था; एक कालेज मे प्रोफेसर बनकर गया था। उसे वर्तमान से संतोष नहीं था, और चाहता था और भी अपने ज्ञान और योग्यता को बढ़ाएं। राजनीति मे आगे वढे हुए विचार उसके लिए हानिकारक साबित हुए और नौकरी छोडकर चला जाना पडा। उसके पिता गरीब नही थे, लेकिन पिता की पेशन पर वह जीवन-यापन करना अपने लिए परम अनुचित समझता था। दरवाजे उसे उतने ही मालूम थे, जितने कि दीख पडते थे। तरुणो के लिए और भी खुल सकने वाले दरवाजे हैं, इसका उसे पता नही था। वह जान सकता था, आसाम के कोने मे एक मिसमी जाति है या मणिपुर मे स्त्री-प्रधान जाति है, जो सूरत मे मगोल, भाषा मे स्यामी और धर्म मे पक्की वैष्णव है। वहाँ उसे मासिक सौ-डेढ़सौ की आवश्यकता नही होगी, और न निराश होकर अपनी जीवन-लीला समाप्त करने की आवश्यकता। सिर्फ हाथ-पैर हिलाने-डुलाने की आवश्यकता थी, फिर एक मिसमी या मणिपुरी ग्रामीण तरुण के सुखी और निश्चिन्त जीवन को अपनाकर वह आगे बढ सकता, अपने ज्ञान को भी बढा सकता था, दुनिया को भी कितनी ही नई बातें बतला सकता था। क्या आवश्यकता थी उसको अपने जीवन को इस प्रकार फेंकने की? इतने उपयोगी जीवन को इस तरह गवाना क्या कभी समझदारी का काम समझा जा सकता है?

दूसरा तरुण राजनीति का तेज विद्यार्थी था और साधारण नहीं असाधारण। उसमें बुद्धिवाद और आदर्शवाद का सुन्दर मिश्रण था। एम० ए० को बहुत अच्छे नंबरो से पास किया था। वह स्वस्थ सुन्दर और विनीत था। उसका घर भी सुखी था। होश सभालते ही उसने बड़ी-बडी कल्पनाएं शुरू की थीं। ज्ञान-अर्जन तो अपने लघु-

जीवन के क्षण-क्षण में उसने किया था, लेकिन उसने भी एक दिन अपने जीवन का अन्त पोटासियम साइनाइड खाके कर दिया। कहते हैं, उसका कारण प्रेम हुआ था। लेकिन वह प्रेमी कैसा जो प्रेम के लिए ५-७ वर्ष की भी प्रतीक्षा न कर सके, और प्रेम कैसा जो आदमी की विवेक-बुद्धि पर परदा डाल दे, सारी प्रतिभा को बेकार कर दे? यदि उसने जीवन को बेकार ही समझा था, तो कम-से-कम उसे किसी ऐसे काम के लिए देना चाहिए था, जिससे दूसरों का उपकार होता। जब अपने कुरते को फेंकना ही है, तो आग मे न फेककर किसी आदमी को क्यो न दे दे, जिसमे उसकी सर्दी-गर्मी से रक्षा हो सके। तरुण-तरुणियां कितनी ही वार ऐसी बेवकूफी कर बैठते है, और समाज के लिए, देश के लिए, विद्या के लिए उपयोगी जीवन को कौड़ी के मोल नही, बिना मोल फेक देते है। क्या वह तरुण अपने राजनीति और अर्थशास्त्र के असाधारण ज्ञान, अपनी लगन, निर्भीकता तया साहस को लेकर किसी पिछडी जाति से, किसी अछूते प्रदेश मे नही जा सकता था? यह कायरता थी, या इसे पागलपन कहना चाहिए—शत्रु से बिना लोहा लिये उसने हथियार डाल दिया। पोटासियम साइनाइड बहुत सस्ता है, रेल के नीचे कटना या पानी मे कूदना बहुत आसान है, खोपड़ी में एक गोली खाली कर देना भी एक चवन्नी की बात है, लेकिन डटकर अपनी प्रतिद्वन्द्वी शक्तियों से मुकाबला करना कठिन है। तरुण से आशा की जा सकती है, कि उसमे दोनों गुण होगे। मै समझता हूं, घुमक्कड़ी धर्म के अनुयायी तथा इस शास्त्र के पाठक कभी इस तरह की बेवकूफी नही करेंगे, जैसा कि उक्त दोनो तरुणों ने किया। एक को तो मैं कोई परामर्श नही दे सकता था, यद्यपि उसका पत्र रूस में पहुँचा था, किन्तु मेरे लौटने से पहले ही वह संसार छोड़ चुका था। मैं मानता हूँ, खास परिस्थिति मे जब जीवन का कोई उपयोग न हो, और मरकर ही वह कुछ उपकार कर सकता हो तो मनुष्य को अपने जीवन को खत्म कर देने का अधिकार है। ऐसी आत्म-हत्या किसी नैतिक कानून

के विरुद्ध नहीं, लेकिन ऐसी स्थिति हो, तब न ? दूसरा तरुण मेरे भारत लौटने तक जीवित था, यदि वह मुझसे मिला होता या मुझे किसी तरह पता लग गया होता, तो मैं ऐसी बेवकूफी न करने देता। विद्या, स्वास्थ्य, तारुण्य, आदर्शवाद इनमें से एक भी दुर्लभ है, और जिसमें सारे हों, ऐसे जीवन को इस तरह फेंकना क्या हृदयहीनता की बात नहीं है ? असली घुमक्कड मृत्यु से नहीं डरता, मृत्यु की छाया से वह खेलता है। लेकिन हमेशा उसका लक्ष्य रहता है, मृत्यु को परास्त करना—वह अपनी मृत्यु द्वारा उस मृत्यु को परास्त करता है।

# सात

# घुमक्कड़ जातियों में

दुनिया के सभी देशों और जातियों में जिस तरह घूमा जा सकता है, उसी तरह वन्य और घुमक्कड़ जातियों से नहीं घूमा जा सकता, इसीलिए यहां हमें ऐसे घुमक्कड़ों के लिए विशेष तौर से लिखने की आवश्यकता पड़ी। भावी घुमक्कड़ों को शायद यह तो पता होगा कि हमारे देश की तरह दूसरे देशों में भी कुछ ऐसी जातियां हैं, जिनका न कहीं एक जगह घर है और न कोई एक गांव। यह कहना चाहिए कि वे लोग अपने गांव और घर को अपने कन्धों पर उठाए चलते हैं। ऐसी घुमक्कड़ जातियों के लोगों की संख्या हमारे देश में लाखों है और यूरोप में भी वह बड़ी संख्या में रहती हैं। जाड़ा हो या गर्मी अथवा बरसात वे लोग चलते ही रहते हैं। जीविका के लिए कुछ करना चाहिए, इसलिए वह चौबीसों घंटे घूम नहीं सकते। उन्हें बीच बीच में कहीं कहीं पांच-दस दिन के लिए ठहरना पड़ता है। हमारे तरुणों ने अपने गांवों में कभी-कभी इन लोगों को देखा होगा। किसी वृक्ष के नीचे ऊंची जगह देखकर वह अपनी सिरकी लगाते हैं। युरोप में उनके पास तम्बू या छोलदारी हुआ करती है और हमारे यहां सिरकियां। हमारे यहां की बरसात में कपड़े के तम्बू बहुत अच्छी किस्म के होने पर ही काम दे सकते हैं, नहीं तो वह पानी छानने का काम करेंगे। उसकी जगह हमारे यहां सिरकी को छोलदारी के तौर पर टांग दिया जाता है। सिरकी सरकंडे का सिरा है, जो सरकंडे की अपेक्षा कई गुनी हल्की होती है। एक लाभ इसमें यह है कि सिरकी की बनी छोलदारी कपड़े की अपेक्षा बहुत हल्की होती है। पानी इसमें घुस नहीं सकता, इसलिए जब तक वह आदमी के सिर पर है भीगने का कोई डर नहीं। लचीली होने से

वह जल्दी टूटने वाली भी नहीं है और पचकने वाली होने से एक दूसरे से दबकर चिपक जाती है और पानी का बूंद दरार से पार नहीं जा सकता। इन सब गुणों के होते हुए भी सिरकी बहुत सस्ती है। उसके बनाने में भी अधिक कौशल की आवश्यकता नहीं, इसलिए घुमक्कड़ जातियां स्वयं अपनी सिरकी तैयार कर लेती हैं। इस प्रकार पाठक यह भी समझ सकते हैं कि इन घुमक्कड़ों को क्यों 'सिरकीवाला' कहते हैं।

बरसात का दिन है, वर्षा कई दिनों से छूटने का नाम नहीं ले रही है। घर के द्वार पर कीचड़ का ठिकाना नहीं है, जिसमें गोबर मिलकर और भी बुरी तरह सड़ रहा है और उसके भीतर पैर रखकर चलते रहने पर चार-छ दिन में अंगुलियों के पोर सड़ने लगते हैं, इसलिए गांव के किसान ऊंचे-ऊंचे पौवे ( खड़ाऊं ) पहनते हैं। वही पौवे जो हमारे यहां गंवारी चीज समझे जाते हैं, और नगर या गांव के भद्र पुरुष भी उसे पहनना असभ्यता का चिन्ह समझते हैं, किंतु जापान में गांव ही नहीं तो क्यो जैसे महानगर में चलते पुरुष ही नहीं भद्रकुलीना महिलाओं के पैरों में शोभा देता है। वह पौवा लगाए सड़क पर खट्-खट् करती चली जाती है। वहां इसे कोई अभद्र चिन्ह नहीं समझता। हां, तो ऐसी बदली के दिनों में घुमक्कड़ बनने की इच्छा रखने वाले तरुणों में बहुत कम होंगे, जो घर से बाहर निकलने की इच्छा रखते हों—कम-से-कम स्वेच्छा से तो वह बाहर नहीं जाना चाहेंगे। लेकिन ऐसी ही सप्ताह वाली बदली में गांव के बाहर किसी वृक्ष के नीचे या पोखरे के भिंडे पर आप सिरकी वालों को अपनी सिरकी के भीतर बैठे देखेंगे। इस वर्षा-बूंदी में चार हाथ लम्बी, तीन हाथ चौड़ी सिरकी के घरों में दो-तीन परिवार बैठे होंगे। उनको अपनी भैंस के चारे की चिन्ता बहुत नहीं तो थोड़ी होगी ही।

सिरकीवाले अधिकतर भैंस पसन्द करते हैं, कोई-कोई गधा भी। राजपूताना और बुंदेलखण्ड में घूमनेवाले घुमक्कड़ लोहार ही ऐसे हैं, जो अपनी एकबैलिया गाड़ी रखते हैं। सिरकीवालों की भैंस दूध

के लिए नहीं पाली जाती। मैंने तो उनके पास दूध देनेवाली भैंस कभी नहीं देखी। वह प्रायः बहिला भैंस रखते हैं, भैसा भी उनके पास कम ही देखा जाता है। बहिला भैंस पसन्द करने का कारण उसका सस्तापन है। बरसात मे चारे की उतनी कठिनाई नही होती, घास जहां-तहां उगी रहती है, जिसके चराने-काटने में किसान विरोध नहीं करते। किन्तु भैंस को खुला तो नहीं छोड़ा जा सकता, कही किसान के खेत मे चली जाय तो? खैर, सिरकीवाला चाहे अपनी भैंस, गधे, कुत्ते की परवाह न करे, किन्तु उसे बीबी-बच्चों की तो परवाह करनी है—वह प्रथम-द्वितीय श्रेणी का घुमक्कड नही है, कि परिवार रखने को पाप समझे। कई दिन बदली लगी रहने पर उसको चिन्ता भी हो सकती है, क्योंकि उसके पास न बैंक की चेक-बही है, न घर या खेत हैं, न कोई दूसरी जायदाद ही, जिस पर कर्ज मिल सके। ईमानदार है या बेईमान, इसकी बात छोड़िए। ईमानदार होने पर भी ऐसे आदमी को कौन विश्वास करके कर्ज देगा, जो आज यहा है तो कल दस कोस पर और पाच महीने बाद युक्तप्रात से निकलकर बंगाल मे पहुंच जाता है। सिरकीवाले को तो रोज कुँआ खोदकर रोज पानी पीना है, इसलिए उसको चिता भी रोज-रोज की है। सिरकी मे चावल-आटा रहने पर भी उसे ईंधन की चिता रहती है। बरसात मे सूखा ईंधन कहा से आए? घर तो नही कि सूखा कण्डा रखा है। कही से सूखी डाली चुरा-छिपाकर तोड़ता है, तो चूल्हे मे आग जलती है।

सिरकीवाले के अर्थशास्त्र को समझना किसी दिमागदार के लिए भी मुश्किल है। एक-एक सिरकी मे पाच-पाच छ-छ व्यक्तियों का परिवार है—सिरकीवाले ब्याह होते ही बाप से अपनी सिरकी अलग कर लेते हैं, तो भी कैसे छ के परिवार का गुजारा होता है? उनकी आवश्यकताए बहुत कम हैं, इसमें सन्देह नहीं, किन्तु पेट के लिए दो हज़ार कलोरी आहार तो चाहिए, जिसमे वह चल फिर सके, हाथ से काम कर सके। उसकी जीविका के साधनों में किसी के पास एक बंदर और एक बदरी

है, तो किसीके पास बंदर और बकरा, और किसीके पास भालू या सांप। कुछ बांस या बेंत की टोकरी बनाकर बेचने के नाम पर भीख मांगते है, तो कुछ ने नट का काम संभाला है। नट पहले नाटक-अभिनय करने वालों को कहा जाता था, लेकिन हमारे यह नट कोई नाटक करते दिखलाई नही पड़ते, हां, कसरत या व्यायाम की कलबाजी जरूर दिखलाते है। बरसात मे किसी-किसी गांव मे यदि नट एक-दो महीने के लिए ठहर जाते हैं, तो वहां अखाड़ा तैयार हो जाता है। गांव के नौजवान खलीफा से कुश्ती लड़ना सीखते हैं। पहले गांवों की आबादी कम थी, गाय-भैंसे बहुत पाली जाती थीं, क्योंकि जंगल चारो ओर था; उस समय नौजवान अखाड़िये का बाप खलीफा को एक भैंस विदाई दे देता था, लेकिन आज हजार रुपया की भैंस कौन देने को तैयार है?

उनकी स्त्रियां गोदना गोदती हैं। पहले गोदने को सौभाग्य का चिन्ह समझा जाता था, अब तो जान पड़ता है वह कुछ दिनो में छूट जायगा। गोदना गोदने के लिए उन्हें कुछ अनाज मिल जाता था, आज अनाज की जिस तरह की मंहगाई है, उससे जान पड़ता है कितने ही गृहस्थ अनाज की जगह पैसा देना अधिक पसद करेंगे।

ख्याल कीजिए, सात दिनों से बदली चली आई है। घर की खर्ची खत्म हो चुकी है। सिरकीवाला मना रहा है—हे देव ! थोड़ा बरसना बन्द करो कि में बन्दर-बदरिया को बाहर ले जाऊं और पांच मुह के अन्न-दाना का उपाय करूं। सचमुच बूंदाबादी कम हुई नहीं कि मदारी अपने बंदर-बदरिया को लेकर डमरू बजाते गलियों या सड़कों मे निकल पडा। तमाशा बार-बार देखा होने पर भी लोग फिर उसे देखने के लिए तैयार हो जाते हैं। लोगों के लिए मनोरंजन का और कोई साधन नही है। तमाशे के बदले में कही पैसा, कहीं अन्न, कहीं पुराना कपड़ा हाथ आ जाता है। अन्धेरा होते-होते मदारी अपनी सिरकी में पहुंचता है। यदि हो सके तो सिरकी की देखभाल किसी बुढिया को देकर स्त्रियां भी निकल जाती हैं। शाम को जमीन में खोदे चूल्हे में

ईंधन जला दिया जाता है, सिरकी के बांस से लटकती हंडिया उतार कर चढा दी जाती हैं, फिर सबसे बुरे तरह का अन्न डालकर उसे भोजन के रूप मे तैयार किया जाने लगता है। उसकी गन्ध नाक मे पड़ते ही बच्चों की जीभ से पानी टपकता है।

सिरकीवालो का जीवन कितना नीरस है, लेकिन तब भी वह उसे अपनाये हुए हैं। क्या करें, बाप-दादों के समय से उन्होंने ऐसा ही जीवन देखा है। लेकिन यह न समझिए कि उनके जीवन की सारी घड़ियाँ नीरस हैं। नही, कभी उनमे जवानी रहती है, ब्याह यद्यपि वे अपनी जाति के भीतर करते हैं, किन्तु तरुण-तरुणी एक दूसरे से परिचित होते हैं और बहुत करके ब्याह इच्छानुरूप होता है। वह प्रणय-कलह भी करते हैं और प्रणय-मिलन भी। वह प्रेम के गीत भी गाते है, और कई परिवारो के इकट्ठा होने पर नृत्य भी रचते है। बाजे के लिए क्या चिन्ता ? सपेरे भी तो सिरकीवाले हैं, जिनकी महुबर पर सॉप नाचते है, उस पर क्या आदमी नहीं नाच सकते ? दुख और चिंता की घड़ियां भले ही बहुत लम्बी हो, किन्तु उन्हे भुलाने के भी उनके पास बहुत-से साधन है। युगो से सिरकी वाले गीत गाते आये है। बरसो से रौंदी जाती भूमियो के निवासी उनके परिचित है। उनके पास कथा और बात के लिए सामग्री की कमी नही। किसी तरह अपनी कठिनाइयो को भुलाकर वह जीने का रास्ता निकाल ही लेते है। यह हैं हमारे देश की घुमक्कड जातियां, जिनमे बनजारे भी सम्मिलित हैं। इसे भूलना नहीं चाहिए, यह बनजारे किसी समय वाणिज्य का काम करते थे, अपना माल नही व्यापारी का माल वे अपने बैलो या दूसरे जानवरों पर लादकर एक जगह से दूसरी जगह ले जाते थे। इसके लिए तो उनको लदहारा कहना चाहिए, लेकिन कहा जाता था बनजारा।

भारतवर्ष में घुमक्कड जातियो के भाग्य मे दु:ख-ही-दुःख बदा है। जनसंख्या बढने के कारण बस्ती घनी हो गई, जीवन संघर्ष बढ गया; किसान का भाग्य फूट गया, फिर हमारे सिरकी वालो को क्या आशा हो

सकती है ! यूरोप में भी सिरकी वालों की अवस्था कुछ ही अच्छी है। जो भेद है, उसका कारण है वहाँ आबादी का उतनी अधिक संख्या में न बढ़ना, जीवन-तल का ऊँचा होना और घुमक्कड़ जातियों का अधिक कर्मपरायण होना। यह सुनकर आश्चर्य करने की ज़रूरत नहीं है कि यूरोप के घुमक्कड़ वही सिरकीवाले है जिनके भाई-बन्द भारत, ईरान और मध्य-एसिया मे मौजूद हैं, और जो किसी कारण अपनी मातृभूमि भारत को न लौटकर दूर-ही-दूर चलते गये। ये अपने को 'रोम' कहते हैं, जो वस्तुतः 'डोम' का अपभ्रंश है। भारत से गये उन्हे काफी समय हो गया, यूरोप मे पन्द्रहवी सदी मे उनके पहुँच जाने का पता लगता है। आज उन्हे पता नहीं कि वह कभी भारत से आये थे। 'रोमनी' या 'रोम' से वे इतना ही समझ सकते है, कि उनका रोम नगर से कोई सम्बन्ध है। इङ्गलैण्ड में उन्हे 'जिपर्सी' कहते हैं, जिससे भ्रम होता है कि इजिप्ट ( मिश्र ) से उनका कोई सम्बन्ध है। वस्तुतः उनका न रोम से सम्बन्ध है न इजिप्ट से। रूस में उन्हे 'सिगान' कहते हैं। अनुसंधान से पता लगा है, कि रोमनी लोग भारत मे ग्यारहवीं-बारहवीं सदी मे टूटकर सदा के लिए अलग हुए। सात सौ बरस के भीतर वे बिलकुल भूल गए, कि उनका भारत से कोई सम्बन्ध है। आज भी उनमे बहुत ऐसे मिलते हैं, जो रंगरूप मे बिलकुल भारतीय हैं। हमारे एक मित्र रोमनी बनकर इङ्गलैण्ड भी चले गये और किसीने उनके नकली पासपोर्ट की छानबीन नहीं की। तो भी यदि भाषा-शास्त्रियों ने परिश्रम न किया होता, तो कोई विश्वास नही करता, कि रोमनी वस्तुतः भारतीय सिरकीवाले हैं। यूरोप में जाकर भी वह वही अपना व्यवसाय —नाच-गाना बन्दर-भालू नचाना—करते हैं। घोड़फेरी और हाथ देखने की कला मे भी उन्होने ख्याति प्राप्त की है। भाषा-शास्त्रियों ने एक नहीं सैकड़ों हिन्दी के शब्द जैसे-के-तैसे उनकी भाषा में देखकर फैसला कर दिया, कि वह भारतीय हैं। पाठकों को प्रत्यक्ष दिखलाने के लिए हम यहां उनकी भाषा के कुछ शब्द देते हैं—

अमरो—हमरो
अनेस्—आनेस्
अंदलो—आनल
उचेस—ऊंचे
काइ—कॉई ( क्यों )
कतिर—कहां ( केहितीर )
किंदलो, वि-किनल, वि ( बेंचा )
काको—काका ( चाचा )
काकी—काकी ( चाची )
कुच—कुछ ( बहुत )
गव्—गॉंव
गवरो—गँवारो
गिनेस—गिनेस ( अवधी )
चार—चारा ( घास )
च्योर—चोर
धुद—दूध
धुव—धुवाँ
तुमरो—तुमरो
थूलो—ठूलो ( मोटा, )
दुइ—दुइ ( दो )
पानी—पानी
पुछे—पूछे
फुरान—पुरान
फूरो—बूढो
फेन—बेन ( बहिन )
फेने—भनै
बकरो—बकरा
बन्या—पण्य (शाला), दूकान
बोखालेस्—भुखालेस् (अवधी)
व्याव—ब्याह
मनुस—मानुस
मस—मांस
माछो—माछो
याग—आग
याख—आँख
रोवे—रोवै ( भोजपुरी )
रुपए—रुपैया ( ज़ोल्तोइ )
रीच—रीछ
ससुई—सास, ससुई (भोजपुरी)

ये हमारे भारतीय घुमक्कड़ हैं, जो पिछली सात शताब्दियों से भारत से बाहर चक्कर लगा रहे हैं। वहाँ सरकंडे की सिरकी सुलभ नहीं थी, इसलिए उन्होंने कपड़े का चलता-फिरता घर स्वीकार किया। वहां घोड़ा अधिक उपयोगी और सुलभ था, वह बर्फ की मार सह सकता था और अपने मालिक को जल्दी एक जगह से दूसरी जगह पहुंचा सकता था, साथ ही युरोप में घोड़ों की मांग भी अधिक थी, इसलिए घोड़फेरी में सुभीता था ; और हमारे रोमों ने अपना सामान ढोने के लिए घोड़ा-

गाड़ी को पसन्द किया। चाहे दिसम्बर, जनवरी, फरवरी की घोर वर्षा हो और चाहे वर्षा की कीचड, रोमनी बराबर एक जगह से दूसरी जगह घूमते रहते हैं। नृत्य और सगीत में उन्होंने पहले सस्तेपन और सुलभता के कारण प्रसिद्धि पाई और पीछे कलाकार के तौर पर भी उनका नाम हुआ। वह यूरोपीयों की अपेक्षा काले होते हैं, हमारी अपेक्षा तो वह अधिक गोरे हैं, साथ ही उन्हे अधिक सुन्दरियो को पैदा करने का श्रेय भी दिया जाता है। अपने गीत और नृत्य के लिए रोमनियाँ जैसी प्रसिद्ध हैं, वैसी ही भाग्य भाखने मे भी वह प्रथम मानी जाती हैं। उनका भाग्य भाखना भीख मांगने का अंग है, यह देखते हुए भी लोग अपना हाथ उनके सामने कर ही देते हैं। हमारे देश मे स्वतन्त्रता-प्राप्ति के बाद लडका चुराने वालों का बहुत जोर देखा जाता है, लेकिन युरोप मे रोमनी बहुत पहिले से बच्चा चुराने के लिए बदनाम थे। यद्यपि यूरोपीय रोमनियो का भारतीय सिरकीवालो की तरह बुरा हाल नहीं हैं, किन्तु तब भी वह अपने भाग्य को अपने घर के साथ कन्धे पर लिये चलते हैं। वहां भी रोज कमाना और रोज खाना उनका जीवन-नियम है। हां, घोडे के क्रय-विक्रय तथा छोटी-मोटी चीज और खरीदते-बेचते है, इसलिए जीविका के कुछ और भी सहारे उनके पास हैं; लेकिन उनका जीवन नीरस होने पर भी एकदम नीरस नही कहा जा सकता। जिस तरह ये घुमक्कड़ राज्यो की सीमाओ को तोडकर एक जगह से दूसरी जगह स्वच्छद विचरते हैं, और जिस तरह उनके लिए न ऊधो का लेना न माधो का देना है, उसे देखकर कितनी ही बार दिल मचल जाता है। रूस के कालिदास पुश्किन तो एक बार अपने जीवन को उनके जीवन से बदलने के लिए तैयार हो गए थे। रोमनी की काली काली बडी-बडी आँखे, उनके कोकिलकंठ, उनके मयूरपिच्छाकार केश-पाश ने यूरोप के न जाने कितने सामन्त-कुमारो को बांध लिया। कितनो ने अपना विलास-महल छोड़ उनके तंबुओ का रास्ता स्वीकार किया। अवश्य रोमनी जीवन बिलकुल नीरस नहीं है। रोमनियो के साथ-साथ घूमना हमारे घुमक्कड़ों

के लिए कम लालसा की चीज़ नहीं होगी। डर है, यूरोप में घुमन्तू जीवन को छोड़कर जिस तरह एक जगह से दूसरी जगह जाने की प्रवृत्ति बन्द हो रही है, उससे कहीं यह घुमन्तू जाति सर्वथा अपने अस्तित्व को खो न बैठे। एकाध भारतीयों ने रोमनी जीवन का आनन्द लिया है, लेकिन यह कहना ठीक नही होगा कि उन्होंने उनके जीवन को अधिक गहराई में उतरकर देखना चाहा। वस्तुत. पहले ही से कड़वे-मीठे के लिए तैयार तरुण ही उनके डेरों का आनन्द ले सकते हैं। इतना तो स्पष्ट है, कि यूरोप में जहां-कहीं भी अभी रोमनी घुमन्तू बच रहे हैं, वह हमारे यहां के सिरकीवालों से अच्छी अवस्था मे हैं। समाज में उनका स्थान नीचा होने पर भी वह उतना नीचा नहीं है, जितना हमारे यहां के सिरकीवालों का।

यहां अपने पड़ोसी तिब्बत के घुमन्तुओं के बारे में भी कुछ कह देना अनावश्यक न होगा। पहले-पहल जब मैं १९२६ मे तिब्बत की भूमि में गया और मैंने वहा के घुमन्तुओं को देखा, तो उससे इतना आकृष्ट हुआ कि एक बार मन ने कहा—छोडो सब कुछ और हो जाओ इनके साथ। बहुत वर्षों तक मैं यही समझता रहा कि अभी भी अवसर हाथ से नहीं गया है। वह क्या चीज़ थी, जिसने मुझे उनकी तरफ आकृष्ट किया। यह घुमन्तू दिल्ली और मानसरोवर के बीच हर साल ही घूमा करते हैं, उनके लिए यह बच्चों का खेल है। कोई-कोई तो शिमला से चीन तक की दौड लगाते हैं, और सारी यात्रा उनकी अपने मन से पैदल हुआ करती है। साथ में परिवार होता है, लेकिन परिवार की संख्या नियंत्रित है, क्योंकि सभी भाइयों की एक ही पत्नी होती है। रहने के लिए कपडे की पतली छोलदारी रहती है। अधिक वर्षा वाले देश और काल से गुजरना नहीं पडता, इसलिए कपडे की एकहरी छोलदारी पर्याप्त होती है। साथ में इधर-से-उधर बेचने की कुछ चीजें होती हैं। इनके ढोने के लिए सीधे-सादे दो-तीन गधे होते हैं, जिन्हें खिलाने-पिलाने के लिए घास-दाने की फिक्र नहीं रहती।

हाँ, भेड़ियों और बघेरो से रक्षा करने के लिए सावधानी रखनी पडती है, क्योंकि इन श्वापदो के लिए गधे रसगुल्ले से कम मीठे नही होते। कितना हलका सामान, कितना निश्चिन्त जीवन और कितनी दूर तक की दौड़! १६२६ मे मैं इस जीवन पर मुग्ध हुआ, अभी तक उसकी प्राप्ति मे सफल न होने पर भी आज भी वह आकर्षण कम नहीं हुआ। एक घुमक्कड़ी इच्छुक तरुण को एक मरतबे मैंने प्रोत्साहित किया था। वह विलायत जा बैरिस्टर हो आये थे और मेरे आकर्षक वर्णन को सुनकर उस वक्त ऐसे तैयार जान पडे, गोया तिब्बत का ही रास्ता लेनेवाले हैं। ये तिब्बती घुमक्कड़ अपने को खम्पा या ग्यग-खम्पा कहते हैं। इन्हें आर्थिक तौर से हम भारतीय सिरकीवालो से नही मिला सकते। पिछले साल एक खम्पा तरुण से घुमन्तू जीवन के बारे मे बात हो रही थी। मैं भीतर से हसरत करते हुए भी बाहर से इस तरह के जीवन के कष्ट के बारे मे कह रहा था। खम्पा तरुण ने कहा—"हाँ, जीवन तो अवश्य सुखकर नही है, किन्तु जो लोग घर बाँधकर गाँव मे बस गए हैं, उनका जीवन भी अधिक आकर्षक नहीं मालूम होता। आकर्षक क्या, अपने को तो कष्टकर मालूम होता है। शिमला पहाड़ मे कौन किसान है, जो चाय, चीनी, मक्खन और सुस्वादु अन्न खाता हो? मानसरोवर मे कौन मेषपाल है, जो सिगरेट पीता हो, लेमन-जूस खाता हो? हम कभी ऐसे स्थानों मे रहते है, जहां मांस और मक्खन रोज खा सकते हैं, फिर शिमला या दिल्ली के इलाके मे पहुचकर भी वहां के किसानो से अच्छा खाते हैं।

बात स्पष्ट थी। वह खम्पा तरुण अपने जीवन को किसी सुखपूर्ण अचल जीवन से बदलने के लिए तैयार नहीं था। यह उसके पैरो मे था कि जब चाहे तब शिमला से चीन पहुँच जाय। रास्ते में कितने विचित्र-विचित्र पहाड़, पहले जंगलो से आच्छादित तुंग शैल, फिर उत्तुंग हिमशिखर, तब चौड़े ऊंचे मैदानवाली वृक्षवनस्पति-शून्य तिब्बत की भूमि मे कई सौ मील फैला ब्रह्मपुत्र का कछार! इस तरह भूमि नापते

चीन मे पहुंचना । घुमक्कड़ी मे दूसरे सुभीते हो सकते हैं, दिल मिल जाने पर उनके साथ दृढ बन्धुता स्थापित हो सकती है, किन्तु ये तिब्बत के ही घुमक्कड हैं, जो पूरी तौर से दूसरे घुमक्कड को अपने परिवार का व्यक्ति बना, सगा भाई स्वीकार कर सकते हैं—सगा भाई वही तो है, जिसके साथ सम्मिलित विवाह हो सके ।

हमने नमूने के तौर पर सिर्फ तीन देशो की घुमक्कड जातियो का जीवन वर्णित किया। दुनिया के और देशो मे भी ऐसी कितनी ही जातियां हैं। इन घुमक्कडो के घूमते परिवार के साथ साल-दो-साल बिता देना घाटे का सौदा नही है । उनके जीवन को दूर से देखकर पुश्किन ने कविता लिखी थी । फिर उनमे रहने वाला और भी अच्छी कविता लिख सकता है, यदि उसको रस आ जाय। भिन्न-भिन्न देशो के घुमन्तुओ पर कितने ही लेखको ने कलम चलाई है, लेकिन अब भी नये लेखक के लिए वहां बहुत सामग्री है । चित्रकार उनमें जा अपनी तूलिका को धन्य कर सकता है । जो घुमक्कड उनके भीतर रमना चाहते है, कुछ समय के लिए अपनी जीवन-धारा को उनसे मिलाना चाहते हैं, उन्हे ऐसा करने पर अफसोस नही होगा। घुमक्कड जाति के सहयात्री को जानना चाहिए कि उनमें सभी पिछडे हुए नहीं है । कितनो की समझ और संस्कृति का तल ऊंचा है, चाहे शिक्षा का उन्हे अवसर न मिला हो। घुमक्कड उनमें जाकर अपनी लेखनी या तूलिका को सार्थक कर सकता है, उनकी भाषा का अनुसन्धान कर सकता है ।

भारत के सिरकीवालो पर वस्तुत' इस दिशा मे कोई काम नहीं हुआ है। जो भाषा,साहित्य और वश की दृष्टि से उनका अध्ययन करना चाहते हैं, उनके लिए आवश्यक होगा कि इन विषयो का पहिले से थोडा परिचय कर ले। अंग्रेजो ने एक तरह इस कार्य को अछूता छोडा है। यह मैदान भारतीय तरुण घुमक्कडो के लिए खाली पडा हुआ है। उन्हें अपने साहस, ज्ञान-प्रेम और स्वच्छन्द जीवन को इधर लगाना चाहिये ।

आठ

# स्त्री घुमक्कड़

घुमक्कड-धर्म सार्वदैशिक विश्वव्यापी धर्म है। इस पंथ मे किसी के आने की मनाही नहीं है, इसलिए यदि देश की तरुणियां भी घुमक्कड़ बनने की इच्छा रखें, तो यह खुशी की बात है। स्त्री होने से वह साहसहीन है, उसमे अज्ञात दिशाओ और देशों मे विचरने के सकल्प का अभाव है—ऐसी बात नहीं है। जहां स्त्रियों को अधिक दासता की बेडी में जकडा नहीं गया, वहां की स्त्रियां साहस-यात्राओं से बाज नहीं आतीं। अमेरिकन और यूरोपीय स्त्रियोंका पुरुषों की तरह स्वतंत्र हो देश-विदेश में घूमना अनहोनी सी बात नहीं है। यूरोप की जातियां शिक्षा और संस्कृति मे बहुत आगे हैं, यह कहकर बात को टाला नही जा सकता। अगर वे लोग आगे बढे हैं, तो हमें भी उनसे पीछे नही रहना है। लेकिन एसिया मे भी साहसी यात्रिणियो का अभाव नहीं है। १९३४ की बात है, मैं अपनी दूसरी तिब्बत-यात्रा मे ल्हासा से दक्षिण की ओर लौट रहा था। ब्रह्मपुत्र पार करके पहले डांडे को लांघकर एक गांव मे पहुंचा। थोडी देर बाद दो तरुणियां वहा पहुंची। तिब्बत के डांडे बहुत खतरनाक होते हैं, डाकू वहां मुसाफिरों की ताक में बैठे रहते हैं। तरुणियां बिना किसी भय के डांडा पार करके आईं। उनके बारे मे शायद कुछ मालूम नही होता, किन्तु जब गांव के एक घर मे जाने लगी, तो कुत्ते ने एक के पैर मे काट खाया। वह दवा लेने हमारे पास आईं, उसी वक्त उनकी कथा मालूम हुई। वह किसी पास के इलाके से नही, बल्कि बहुत दूर चीन के कन्सू प्रदेश में ह्वांङ्-हो नदी

के पास अपने जन्मस्थान से आई थीं। दोनो की आयु पच्चीस साल से अधिक नही रही होगी। यदि साफ कपडे पहना दिये जाते, तो कोई भी उन्हे चीन की रानी कहने के लिए तैयार हो जाता। इस आयु और बहुत-कुछ रूपवती होने पर भी वह ह्वांड्-हो के तट से चलकर भारत की सीमा से सात-आठ दिन के रास्ते पर पहुंची थीं। अभी यात्रा समाप्त नही हुई थी। भारत को वह बहुत दूर का देश समझती थीं, नहीं तो उसे भी अपनी यात्रा मे शामिल करने की उत्सुक होती। पश्चिम मे उन्हे मानसरोवर तक और नेपाल मे दर्शन करने तो अवश्य जाना था। वह शिक्षिता नहीं थीं, न अपनी यात्रा को उन्होने असाधारण समझा था। यह अम्दो तरुणियां कितनी साहसी थीं? उनको देखने के बाद मुझे ख्याल आया, कि हमारी तरुणियां भी घुमक्कडी अच्छी तरह कर सकती हैं।

जहाँ तक घुमक्कडी करने का सवाल है, स्त्री का उतना ही अधिकार है, जितना पुरुष का। स्त्री क्यो अपने को इतना हीन समझे? पीढ़ी के बाद पीढ़ी आती है, और स्त्री भी पुरुष की तरह ही बदलती रहती है। किसी वक्त स्वतन्त्र नारियाँ भारत में रहा करती थीं। उन्हे मनुस्मृति के कहने के अनुसार स्वतन्त्रता नहीं मिली थी, यद्यपि कोई-कोई भाई इसके पक्ष मे मनुस्मृति के श्लोक को उद्धृत करते हैं—

"यत्र नार्यस्तु पूज्यन्ते रमन्ते तत्र देवताः।"

लेकिन यह वंचनामात्र है। जिन लोगो ने गला फाड-फाडकर कहा—"न स्त्री स्वातंत्र्यमर्हति" उनकी नारी-पूजा भी कुछ दूसरा अर्थ रखती होगी। नारी-पूजा की बात करने वाले एक पुरुष के सामने एक समय मैंने निम्न श्लोक उद्धृत किया—

"दर्शने द्विगुणं स्वादु परिवेषे चतुर्गुणम्।
सहभोजे चाष्टगुणमित्येतन्मनुरब्रवीत्॥"

(स्त्री के दर्शन करते हुए यदि भोजन करना हो तो वह स्वाद मे दुगुना हो जाता है, यदि वह श्रीहस्त से परोसे तो चौगुना और यदि साथ

बैठकर भोजन करने की कृपा करे तो आठ गुना—ऐसा मनु ने कहा है।) इस पर जो मनोभाव उनका देखा उससे पता लग गया कि वह नारी-पूजा पर कितना विश्वास रखते हैं। वह पूछ बैठे, यह श्लोक मनुस्मृति के कौनसे स्थान का है। वह आसानी से समझ सकते थे कि वह उसी स्थान का हो सकता है जहाँ नारी पूजा की बात कही गई है, और यह भी आसानी से बतलाया जा सकता था कि न जाने कितने मनु के श्लोक महाभारत आदि मे बिखरे हुए हैं, किन्तु वर्तमान मनुस्मृति में नही मिलते। अस्तु ! हम तो मनु की दुहाई देकर स्त्रियो को अपना स्थान लेने की कभी राय नही देंगे।

हाँ, यह मानना पडेगा कि सहस्राब्दियों की परतन्त्रता के कारण स्त्री की स्थिति बहुत ही दयनीय हो गई है। वह अपने पैरो पर खडा होने का ढंग नही जानती। स्त्री सचमुच लता बनाके रखी गई है। वह अब भी लता बनकर रहना चाहती है, यद्यपि पुरुष की कमाई पर जीकर उनमें कोई-कोई 'स्वतन्त्रता' 'स्वतन्त्रता' चिल्लाती हैं। लेकिन समय बदल रहा है। अब हाथ-भर का घूंघट काढने वाली माताओं की लडकियाँ मारवाड़ी जैसे अनुदार समाज मे भी पुरुष के समकक्ष होने के लिए मैदान मे उतर रही है। वह वृद्ध और प्रौढ़ पुरुष धन्यवाद के पात्र है, जिन्होने निराशापूर्ण घडियो मे स्त्रियो की मुक्ति के लिए संघर्ष किया, और जिनके प्रयत्न का अब फल भी दिखाई पडने लगा है। लेकिन साहसी तरुणियों को समझना चाहिए कि एक के बाद एक हजारों कड़ियों से उन्हे बाधके रखा गया है। पुरुष ने उसके रोम-रोम पर काँटी गाड रखी है। स्त्री की अवस्था को देखकर बचपन की एक कहानी याद आती है—न सड़ी न गली एक लाश किसी निर्जन नगरी के प्रासाद मे पडी थी। लाश के रोम-रोम मे सूइयाँ गाडी हुई थी। उन सूइयों को जैसे-जैसे हटाया गया, वैसे-ही-वैसे लाश में चेतना आने लगी। जिस वक्त आँख पर गडी सूइयों को निकाल दिया गया उस वक्त लाश बिलकुल सजीव हो उठ बैठी और बोली "बहुत सोये।"

नारी भी आज के समाज में उसी तरह रोम-रोम मे परतन्त्रता की उन सूइयो से विधी है, जिन्हे पुरुषो के हाथो ने गाडा है। किसीको आशा नहीं रखनी चाहिए कि पुरुष उन सूइयो को निकाल देगा।

उत्साह और साहस की बात करने पर भी यह भूलने की बात नही है, कि तरुणी के मार्ग में तरुण से अधिक बाधायें हैं। लेकिन साथ ही आज तक कही नहीं देखा गया कि बाधाओ के मारे किसी साहसी ने अपना रास्ता निकालना छोड दिया। दूसरे देशों की नारियाँ जिस तरह साहस दिखाने लगी हैं, उन्हे देखते हुए भारतीय तरुणी क्यों पीछे रहे?

हाँ, पुरुष ही नहीं प्रकृति भी नारी के लिए अधिक कठोर है। कुछ कठिनाइयाँ ऐसी हैं, जिन्हें पुरुषों की अपेक्षा नारी को उसने अधिक दिया है। संतति-प्रसव का भार स्त्री के ऊपर होना उनमे से एक है। वैसे नारी का व्याह, अगर उसके ऊपरी आवरण को हटा दिया जाय तो इसके सिवा कुछ नहीं है कि नारी ने अपनी रोटी-कपडे और वस्त्राभूषण के लिए अपना शरीर सारे जीवन के निमित्त किसी पुरुष को बेच दिया है। यह कोई बहुत उच्च आदर्श नहीं है, लेकिन यह मानना पडेगा, कि यदि विवाह का यह बधन भी न होता, तो अभी सतान के भरण-पोषण में जो आर्थिक और कुछ शारीरिक तौर से भी पुरुष भाग लेता है वह भी न लेकर वह स्वच्छन्द विचरता और बच्चों की सारी जिम्मेवारी स्त्री के ऊपर पडती। उस समय या तो नारी को मातृत्वसे इन्कार करना पड़ता, या सारी आफत अपने ऊपर मोल लेनी पडती। यह प्रकृति का नारी के ऊपर अन्याय है, लेकिन प्रकृति ने कभी मानव पर खुलकर दया नहीं दिखाई, मानव ने उसकी बाधाओ के रहते उस पर विजय प्राप्त की।

नारी के प्रति जिन पुरुषों ने अधिक उदारता दिखाई, उसमे मैं बुद्ध को भी मानता हूं। इसमे शक नहीं, कितनी ही बातो मे वह समय से आगे थे, लेकिन तब भी जब स्त्री को भिक्षुणी बनाने की बात आई,

तो उन्होंने बहुत आनाकानी की, एक तरह गला दबाने पर स्त्रियो को संघ में आने का अधिकार दिया। अपने अन्तिम समय, निर्वाण के दिन, यह पूछने पर कि स्त्री के साथ भिक्षु को कैसा बर्ताव करना चाहिए, बुद्ध ने कहा—"अदर्शन" (नहीं देखना)। और देखना ही पडे तो उस वक्त दिल और दिमाग को वश मे रखना। लेकिन मैं समझता हूँ, यह एकतरफा बात है और बुद्ध के भावो के विपरीत है, क्योंकि उन्होने अपने एक उपदेश मे और निर्वाण-दिन से बहुत पहले कहा था[1] —

"भिक्षुओ! मैं ऐसा एक भी रूप नही देखता, जो पुरुष के मन को इस तरह हर लेता है जैसा कि स्त्री का रूप, स्त्री का शब्द स्त्री की गंध....स्त्री का रस....स्त्री का स्पर्श..।" इसके बाद उन्होंने यह भी कहा—"भिक्षुओ! मैं ऐसा एक भी रूप नही देखता, जो स्त्री के मन को इस तरह हर लेता है, जैसा कि पुरुष का रूप... पुरुष का शब्द... पुरुष की गंध.. पुरुष का रस... पुरुष का स्पर्श....।" बुद्ध ने जो बात यहां कही है, वह बिलकुल स्वाभाविक तथा अनुभव पर आश्रित है। स्त्री और पुरुष दोनो एक दूसरे की पूरक इकाइयाँ है। 'अदर्शन' उन्होने इसीलिए कहा था, कि दर्शन से दोनों को उनके रूप, शब्द, गंध, रस, स्पर्श एक दूसरे के लिए सबसे अधिक मोहक होते हैं। सारी प्रकृति मे इसके उदाहरण भरे पडे हैं। स्त्री के साथ पुरुष की अधिक घनिष्ठता या पुरुष के साथ स्त्री की अधिक घनिष्ठता यदि एक सीमा से पार होती है, तो परिणाम केवल प्लातोनिक प्रेम तक ही सीमित नहीं रहता। इसी खतरे की ओर

---

१. "..नाहं भिक्खवे, अञ्ञ एकरूप पि समनुपस्सामि, यं एव पुरिसस्स चित्तं परियोदाय तिट्ठति यथयिद भिक्खवे, इत्थिरूपम्..., ...इत्थिसद्दो..., इत्थिगंधो..., इत्थिरसो.., इत्थिफोट्ठब्बो...। नाहं भिक्खे, अञ्ञ एकरूप पि समनुपस्सामि य एवं इत्थियाचित्तम् परियोदाय तिट्ठति यथयिदम् भिक्खवे, पुरिसरूपं...,...पुरिस-सद्दो..,...पुरिस-गंधो..., ..पुरिसरसो ..,...पुरिसफोट्ठब्बो...।

—अंगुत्तर-निकाय १।१।१

अपने वचन मे बुद्ध ने संकेत किया है। इसका यही अर्थ है कि जो एक ऊँचे आदर्श और स्वतंत्र जीवन को लेकर चलने वाले हैं, ऐसे नर-नारी अधिक सावधानी से काम ले। पुरुष प्लातोनिक प्रेम कहकर छुट्टी ले सकता है, क्योंकि प्रकृति ने उसे बडी जिम्मेदारी से मुक्त कर दिया है, किन्तु स्त्री कैसे वैसा कर सकती है ?

स्त्री के घुमक्कड होने मे बडी बाधा मनुष्य के लगाये हजारो फंदे नही हैं, बल्कि प्रकृति की निष्ठुरता ने उसे और मजबूर बना दिया है। लेकिन जैसा मैंने कहा, प्रकृति की मजबूरी का अर्थ यह हर्गिज नहीं है, कि मानव प्रकृति के सामने आत्म-समर्पण कर दे। जिन तरुणियो घुमक्कडी-जीवन बिताना है, उन्हे मैं अदर्शन की सलाह नही दे सकता और न यही आशा रख सकता हूँ, कि जहा विश्वामित्र-पराशर आदि असफल रहे, वहां निर्बल स्त्री विजय-ध्वजा गाडने मे अवश्य सफल होगी, यद्यपि उससे जरूर यह आशा रखनी चाहिए, कि ध्वजा को ऊँची रखने की वह पूरी कोशिश करेगी। घुमक्कड तरुणी को समझ लेना चाहिए, कि पुरुष यदि ससार मे नये प्राणी के लाने का कारण होता है, तो इससे उसके हाथ-पैर कटकर गिर नहीं जाते। यदि वह अधिक उदार और दयार्द्र हुआ तो कुछ प्रबध करके वह फिर अपनी उन्मुक्त यात्रा को जारी रख सकता है, लेकिन स्त्री यदि एक बार चूकी तो वह पगु बनकर रहेगी। इस प्रकार घुमक्कड-व्रत स्वीकार करते समय स्त्री को खूब आगे-पीछे सोच लेना होगा और दृढ साहस के साथ ही इस पथ पर पग रखना होगा। जब एक बार पग रख दिया तो पीछे हटाने का नाम नहीं लेना होगा।

घुमक्कडो और घुमक्कडाओ, दोनो के लिए अपेक्षित गुण बहुत-से एक-से है, जिन्हे कि इस शास्त्र के भिन्न-भिन्न स्थानो मे बतलाया गया है, जैसे स्त्री के लिए भी कम-से-कम १८ वर्ष की आयु तक शिक्षा और तैयारी का समय है, और उसके लिए भी २० के बाद यात्रा के लिए प्रयाण करना अधिक अच्छा होगा। विद्या और दूसरी तैयारियां

दोनों की एक-सी हो सकती हैं, किन्तु स्त्री चिकित्सा में यदि विशेष-योग्यता प्राप्त कर लेती है, अर्थात् डाक्टर बनके साहस-यात्रा के लिए निकलती है, तो वह सबसे अधिक सफल और निर्द्वन्द्व रहेगी। वह यात्रा करते हुए लोगों का बहुत उपकार कर सकती है। जैसा कि दूसरी जगह संकेत किया गया, यदि तरुणियां तीन की संख्या में इकट्ठा होकर पहली यात्रा आरम्भ करें, तो उन्हें बहुत तरह का सुभीता रहेगा। तीन की संख्या का आग्रह क्यों? इस प्रश्न का जवाब यही है कि दो की संख्या अपर्याप्त है, और आपस में मतभेद होने पर किसी तटस्थ हितैषी की आवश्यकता पूरी नहीं हो सकती। तीन की संख्या में मध्यस्थ सुलभ हो जाता है। तीन से अधिक संख्या भीड़ या जमात की है, और घुमक्कड़ी तथा जमात बांधकर चलना एक दूसरे के बाधक हैं। यह तीन की संख्या भी आरंभिक यात्राओं के लिए है, अनुभव बढ़ने के बाद उसकी कोई आवश्यकता नहीं रह जाती। "एको चरे खग्ग-विसाण-कप्पो" (गैंडे के सींग की तरह अकेले विचरे), घुमक्कड़ के सामने तो यही मोटो होना चाहिए।

स्त्रियों को घुमक्कड़ी के लिए प्रोत्साहित करने पर कितने ही भाई मुझसे नाराज होंगे, और इस पथ की पथिका तरुणियों से तो और भी। लेकिन जो तरुणी मनस्विनी और कार्यार्थिनी है, वह इसकी पर्वाह नहीं करेगी, यह मुझे विश्वास है। उसे इन पीले पत्तों की बकवाद पर ध्यान नहीं देना चाहिए। जिन नारियों ने आंगन की कैद छोड़कर घर से बाहर पैर रखा है, अब उन्हें बाहर विश्व में निकलना है। स्त्रियों ने पहले-पहल जब घूंघट छोड़ा तो क्या कम हल्ला मचा था, और उन पर क्या कम लांछन लगाये गए थे? लेकिन हमारी आधुनिक-पंचकन्याओं ने दिखला दिया कि साहस करने वाला सफल होता है, और सफल होने वाले के सामने सभी सिर झुकाते हैं। मैं तो चाहता हूं, तरुणों की भांति तरुणियां भी हजारों की संख्या में विशाल पृथ्वी पर निकल पड़ें और दर्जनों की तादाद में प्रथम श्रेणी की घुमक्कड़ा बनें। बड़ा निश्चय

करने के पहले वह इस बात को समझ ले, कि स्त्री का काम केवल बच्चा पैदा करना नहीं है। फिर उनके रास्ते की बहुत कठिनाइयां दूर हो सकती हैं। यह पक्तियां कितने ही धर्मधुरंधरों के दिल में कांटे की तरह चुभेंगी। वह कहने लगेंगे, यह वज्रनास्तिक हमारी ललनाओं को सती-सावित्री के पथ से दूर ले जाना चाहता है। मैं कहूंगा, वह काम इस नास्तिक ने नहीं किया, बल्कि सती-सावित्री के पथ से दूर ले जाने का काम सौ वर्ष से पहले ही हो गया, जब कि लार्ड विलियम बेंटिक के जमाने में सती प्रथा को उठा दिया गया। उस समय तक स्त्रियों के लिए सबसे ऊंचा आदर्श यही था, कि पति के मरने पर वह उसके शव के साथ जिन्दा जल जाय। आज तो सती-सावित्री के नाम पर कोई धर्मधुरंधर—चाहे वह श्री १०८ करपात्री जी महाराज हों, या जगद्‌गुरु शंकराचार्य—सती-प्रथा को फिर से जारी करने के लिए सत्याग्रह नहीं कर सकता, और न ऐसी मांग के लिए कोई भगवा झण्डा ही उठा सकता है। यदि सती-प्रथा—अर्थात् जीवित स्त्रियों का मृतक पति के साथ जलाना—अच्छी है, इसे मनवाने के लिए खुल्लमखुल्ला प्रयत्न किया जाय तो, मैं समझता हूँ, आज की स्त्रियां सौ साल पहले की अपनी नगड़दादियों का अनुसरण करके उसे चुपचाप स्वीकार नहीं करेंगी, बल्कि वह सारे देश में खलबली मचा देंगी। फिर यदि जिन्दा स्त्रियों को जलती चिता पर बैठाने का प्रयत्न हुआ, तो पुरुष समाज को लेने-के-देने पड़ जायगे। जिस तरह सती-प्रथा बार्बरिक तथा अन्याय-मूलक होने के कारण सदा के लिए ताक पर रख दी गई, उसी तरह स्त्री के उन्मुक्त-मार्ग की जितनी बाधाएं हैं, उन्हें एक-एक करके हटा फेंकना होगा।

स्त्रियों को भी माता-पिता की सम्पत्ति में दायभाग मिलना चाहिए, जब यह कानून पेश हुआ, तो सारे भारत के कट्टर-पंथी उसके खिलाफ उठ खड़े हुए। आश्चर्य तो यह है कि कितने ही उदार समझदार कहे जाने वाले व्यक्ति भी हल्ला-गुल्ला करनेवालों के सहायक बन गए। अन्त में

मसौदे को खटाई मे रख दिया गया। यह बात इसका प्रमाण है कि तथाकथित उदार पुरुष भी स्त्री के सम्बन्ध मे कितने अनुदार है।

भारतीय स्त्रियां अपना रास्ता निकाल रही हैं। आज वह सैकड़ों की संख्या मे इङ्गलैण्ड, अमेरिका तथा दूसरे देशों में पढ़ने के लिए गई हुई हैं, और वह इस झूठे श्लोक को नही मानती—

"पिता रक्षति कौमारे भर्त्ता रक्षति यौवने।
पुत्रस्तु स्थाविरे भावे न स्त्री स्वातन्त्र्यमर्हति।"

आज इंगलैंड, अमेरिका मे पढ़ने गयी कुमारियों की रक्षा करने के लिए कौन संरक्षक भेजे गए हैं? आज स्त्री भी अपने आप अपनी रक्षा कर रही है, जैसे पुरुष अपने आप अपनी रक्षा करता चला आया है। दूसरे देशों में स्त्री के रास्ते की सारी रुकावटें धीरे-धीरे दूर होती गई है। उन देशो ने बहुत पहले काम शुरू किया, हमने बहुत पीछे शुरू किया है, लेकिन संसार का प्रवाह हमारे साथ है। पूछा जा सकता है, इतिहास मे तो कही स्त्री की साहस-यात्राओ का पता नही मिलता। यह अच्छा तर्क है, स्त्री को पहले हाथ-पैर बांधकर पटक दो और फिर उसके बाद कहो कि इतिहास में तो साहसी यात्रिणियो का कही नाम नही आता। यदि इतिहास मे अभी तक साहस यात्रिणियो का उल्लेख नही आता, यदि पिछला इतिहास उनके पक्ष मे नहीं है, तो आज की तरुणी अपना नया इतिहास बनायगी, अपने लिए नया रास्ता निकालेगी।

तरुणियों को अपना मार्ग मुक्त करने में सफल होने के सम्बन्ध में अपनी शुभ कामना प्रकट करते हुए मैं पुरुषो से कहूंगा—तुम टिटहरी की तरह पैर खड़ाकर आसमान को रोकने की कोशिश न करो। तुम्हारे सामने पिछले पच्चीस सालो मे जो महान् परिवर्तन स्त्री-समाज मे हुए हैं, वह पिछली शताब्दी के अन्त के वर्षों मे वाणी पर भी लाने लायक नही थे। नारी की तीन पीढ़ियां क्रमश. बढ़ते-बढ़ते आधुनिक वातावरण मे पहुंची हैं। यहां उसका क्रम-विकास कैसा देखने मे आता है? पहली पीढ़ी ने परदा हटाया और पूजा-पाठ की पोथियो तक

पहुंचने का साहस किया, दूसरी पीढ़ी ने थोड़ी-थोड़ी आधुनिक शिक्षा-दीक्षा आरम्भ की, किन्तु अभी उसे कालेज में पढ़ते हुए भी अपने सहपाठी पुरुष से समकक्षता करने का साहस नहीं हुआ था। आज तरुणियों की तीसरी पीढ़ी बिलकुल तरुणों के समकक्ष बनने को तैयार है—साधारण काम नहीं शासन-प्रबन्ध की बड़ी-बड़ी नौकरियों में भी अब वह जाने के लिए तैयार है। तुम इस प्रवाह को रोक नहीं सकते। अधिक-से-अधिक अपनी पुत्रियों को आधुनिक ज्ञान-विज्ञान से वञ्चित रख सकते हो, लेकिन पौत्री को कैसे रोकोगे, जो कि तुम्हारे संसार से कूच करने के बाद आने वाली हैं। हरेक आदमी पुत्र और पुत्री को ही कुछ वर्षों तक नियंत्रण में रख सकता है, तीसरी पीढ़ी पर नियंत्रण करने वाला व्यक्ति अभी तक तो कहीं दिखायी नहीं पड़ा। और चौथी पीढ़ी की बात ही क्या करनी, जब कि लोग परदादा का नाम भी नहीं जानते, फिर उनके बनाये विधान कहां तक नियन्त्रण रख सकेंगे? दुनिया बदलती आई है, बदल रही है और हमारी आंखों के सामने भीषण परिवर्तन दिन-पर-दिन हो रहे हैं। चट्टान से सिर टकराना बुद्धिमान का काम नहीं है। लड़कों के घुमक्कड़ बनने में तुम बाधक होते रहे, लेकिन अब लड़के तुम्हारे हाथ में नहीं रहे। लड़कियां भी वैसा ही करने जा रही है। उन्हें घुमक्कड़ बनने दो, उन्हें दुर्गम और बीहड़ रास्तों से भिन्न-भिन्न देशों में जाने दो। लाठी लेकर रक्षा करने और पहरा देने से उनकी रक्षा नहीं हो सकती। वह तभी रक्षित होंगी जब वह खुद अपनी रक्षा कर सकेंगी। तुम्हारी नीति और आचार-नियम सभी दोहरे रहे हैं—हाथी के दांत खाने के और और दिखाने के और। अब समझदार मानव इस तरह के डबल आचार-विचार का पालन नहीं कर सकता, यह तुम आंखों के सामने देख रहे हो।

# धर्म और घुमक्कड़ी

किसी-किसी पाठक को भ्रम हो सकता है, कि धर्म और आधुनिक घुमक्कड़ी मे विरोध है। लेकिन धर्म से घुमक्कड़ी का विरोध कैसे हो सकता है, जबकि हम जानते है कि प्रथम श्रेणी के घुमक्कड़ ही कितने ही धर्मों के सस्थापक हुए, और कितनो ने धर्म से सबधित हो अद्भुत साहस का परिचय देते दुनिया के दूर-दूर के देशों की खाक छानी। फाहि-यान की यात्रा हमने पढी है, स्वेन्चाङ् और ईचिङ् के भी दुर्दम्य साहस का परिचय उनकी यात्राओ से पाया है। मार्कोपोलो का उस समय की ज्ञात दुनिया मे घूमना और देखी हुई चीजो का सजीव वर्णन आज भी घुमक्कड़ो के हृदय को उल्लसित कर देता है। जिन घुमक्कड़ो ने अपने यात्रा-वृत्तान्त लिखे, उनमे भी सबका विवरण हम तक नहीं पहुँचा, लेकिन उनमे बहुत भारी सख्या तो ऐसे घुमक्कड़ो की है, जिन्होंने अपना कोई यात्रा-वृत्तान्त नहीं लिखा। तिब्बत मे गये दो सौ से ऊपर भार-तीय पण्डितो ने कितना कष्ट सहा होगा? घुमक्कड़-राज स्मृतिज्ञान कीर्ति (१०४२ ई०) ने कितनी साहसपूर्ण यात्रा आज से नौ सौ वर्ष पहले की थी। स्मृति ने अपने और दूसरो के लिखे कई संस्कृत ग्रन्थों का भोटिया भाषा मे अनुवाद किया, जो अब भी सुरक्षित हैं; किन्तु उन्हों-ने अपनी यात्रा के बारे मे कुछ नही लिखा। हमे तिब्बत वालों का कृतज्ञ होना चाहिए, जिनके द्वारा स्मृतिज्ञान-कीर्ति की कुछ बातें हम तक पहुँचीं। स्मृतिज्ञान-कीर्ति मगध के किसी बड़े विद्यापीठ के मेधावी तरुण पण्डित थे। उस समय भारत-मही घुमक्कड़-वीरो से विहीन नही हुई थी। हमारे तरुणो मे दुनिया देखने और वहां अपने देश के सन्देश

पहुंचाने की धुन रहती थी। दुनिया मे भी भारत के सास्कृतिक दूतो की मांग थी, क्योकि भारतीय संस्कृति का सितारा उस वक्त ओज पर था। किसी विद्याप्रेमी तिब्बती बौद्ध ने भारत आकर अपने देश ले जाने के लिए पण्डितो की खोज की। स्मृति और उनका एक तरुण साथी तैयार हो गए। विद्यापीठ के बन्धु-बान्धवो ने उनके संकल्प को जानकर बहुत प्रसन्नता प्रकट की और बडी धूमधाम से विदाई दी। स्मृति और उनके साथी पैदल चलकर नेपाल पहुँचे। नेपाल मे तिब्बत ले जाने वाला पुरुष हैजे से मर गया। दोनो तरुण बडी कठिनाई मे पडे। उन्हे भाषा भी नहीं मालूम थी और जिसके सहारे आये थे, वह संग छोडकर चल बसा। स्मृति ने कहा—हम अपनी नाव डुबा चुके है, पीछे लौटकर परले पार जाने का कोई उपाय नही है। मगध मे लौटकर लोगो को क्या जवाब देगे, जब वे कहेगे—"आ गये तिब्बत मे धर्म-विजय करके?"

अन्त में आगे चलने का निश्चय करके दोनो तिब्बत के भीतर घुसे। यद्यपि स्मृति ने अपने साथी को ठोक-पीटकर वहा तक पहुंचाया, तो भी वह उस धातु का नहीं बना था, जिसके कि स्मृतिज्ञान-कीर्ति थे। स्मृति सस्कृत के धुरन्धर पण्डित थे, लेकिन वह देख रहे थे कि तिब्बती भाषा जाने बिना उनका सारा गुण गोबर है। उन्होने निश्चय किया, पहले तिब्बती भाषा पर अधिकार प्राप्त करना चाहिए। यह कोई मुश्किल बात न थी, बस सब-कुछ छोडकर तिब्बती मानव-समाज मे डूब जाने की आवश्यकता थी। उस वक्त तिब्बत मे जहां-तहां संस्कृत के जानने वाले व्यक्तिभी मिलते थे, स्मृतिने उनका परिचय अपनेलिए भारी विघ्न समझा। भारत आनेवाले मार्ग के पास के गांव डाड्में उन्हे इसका डर लगा, वह ब्रह्मपुत्र पार और दो दिन के रास्ते पर तानक् चले गये। ग्यारहवीं शताब्दी के मध्य मे तानक् के लोग कैसे रहे होगे, यह इसी से समझा जा सकता है कि आज भी वहा के लोग खेती पर नहीं अधिकतर मेषपालन पर गुजारा करते हैं और उनका अधिक समय भी स्थायी घरों मे नहीं बल्कि काले तंबुओ मे बीतता है। स्मृति एक फटा-

पुराना चीथड़ा लपेटे, बड़ी गरीबी की हालत में तानक् पहुँचे। टूटी-फूटी बोली मे मजूरी ढूंढ़ते हुए खाने-कपड़े पर किसीके यहां नौकर हो गए। स्मृति के मालिक-मालकिन अधिक कठोरहृदय के थे, विशेषकर मालकिन तो फूटी आंखों नही देखना चाहती थीं कि स्मृति एक क्षण भी बिना काम के बैठे। स्मृति ने सब कष्ट सहते हुए कई साल तानक् में बिताये। तिब्बती भाषा को उससे भी अच्छा बोल सकते थे जैसा कि एक तिब्बती ; साथ ही उन्होंने लुक-छिपकर अक्षर और पुस्तकों से भी परिचय प्राप्त कर लिया था। शायद स्मृति और भी कुछ साल अपनी भेड़ों और चमरियो को लिये एक जगह से दूसरी जगह घूमते रहते, परन्तु इसी समय किसी तिब्बती विद्याप्रेमी को पता लगा। वह स्मृति को पकड़ ले गया। स्मृति को घुमक्कड़ी का चस्का लग गया था, और वह किसी एक खूंटे से बराबर के लिए बध नहीं सकते थे। स्मृति ने फिर अपनी मातृभूमि का मुंह नहीं देखा और नेपाल की सीमा से चीन की सीमा तक कुछ समय जहां-तहां ठहरते, शिष्यो को पढ़ाते और ग्रन्थो का अनुवाद करते हुए सारा जीवन बिता दिया। स्मृति का बौद्ध-धर्म से अनुराग था। हर एक घुमक्कड़ का स्मृति से अनुराग होगा; फिर कैसे हो सकता है कि कोई व्यक्ति स्मृति के धर्म (बौद्ध धर्म) को अवहेलना की दृष्टि से देखे।

एक स्मृति नहीं हजारों बौद्ध-स्मृति एसिया के कोने-कोने मे अपनी हड्डियों को छोड़कर अनन्त निद्रा से विलीन हो गए। एसिया ही नही मकदूनिया, क्षुद्र-एसिया, मिश्र से लेकर बोर्नियो और फिलिपाइन के द्वीपो तक मे उनकी पवित्र अस्थियाँ बिखरी पड़ी हैं। बौद्ध ही नही उस समय के ब्राह्मण-धर्मी भी कूप-मडूक नही थे, वह भी जीवन के सबसे मूल्यवान् वर्षों को विद्या और कला के अध्ययन मे लगाकर बाहर निकल पड़ते थे।

रत्नाकर की लहरें आज भी उनके साहस की साक्षी हैं। जावा को उन्होंने संस्कृति का पाठ पढ़ाया। चम्पा और कम्बोज में एक-से-एक

धुरन्धर विद्वान् भारतीय घुमक्कड पहुचते रहे। वस्तुतः पीछे के तेली के बैलो को ही नहीं बल्कि उस समय के इन घुमक्कडो को देखकर कहा गया था—

"एतद्देशप्रसूतस्य सकाशादग्रजन्मनः।
स्वं स्वं चरित्रं शिक्षेरन् पृथिव्यां सर्वमानवाः॥"

आज भी जावा के बडे-बडे सस्कृत के शिलालेख, कम्बोज के सुन्दर गद्य-पद्यमय विशाल अभिलेख हमारे उन यशस्वी घुमक्कड़ों की कीर्ति को अमर किये हुए हैं। लाखों, करोडो, अरबो आदमी तब से भारत मे पैदा हुए और मर गए, लेकिन ऐसे कीट-पतगो के जन्म से क्या लाभ? ये हमारे घुमक्कड थे जो डेढ हजार वर्ष पहले साइबेरिया की बाइकाल झील का चक्कर काट आये थे। आज भी भारत का नाम वहाँ उन्हींकी तपस्या के कारण अत्यन्त श्रद्धा से लिया जाता है। कोरिया के वज्र पर्वत में जाइये, या जापान के मनोरम कोयासान मे, तुङ् हुवान् की सहस्र-बुद्ध गुहाओं मे जाइये या अफगानिस्तान के वामियान मे—सभी जगह अपने घुमक्कडों के गौरवपूर्ण चिन्ह को देखकर हमारी छाती गज-भर हो जाती है, मस्तक दुनिया के सामने उन्नत और उनके सामने विनम्र हो जाता है। जिस भूमि ने ऐसे यशस्वी पुत्रो को पैदा किया, क्या वह आज केवल घरघुसुओं को पैदा करने लायक ही रह गई है?

हमारे ये भारती घुमक्कड बौद्ध भी थे, ब्राह्मण भी थे। उन्होंने एक बडे पुनीत कार्य के लिए आपस मे होड लगाई थी और अपने कार्य को अच्छी तरह सपादित भी किया था। धर्म की सभी बातों में विश्वास करना किसी भी बुद्धिवादी पुरुष के लिए सम्भव नहीं है, न हरएक घुमक्कड के सभी तरह के आचरणों से सहमत होने की आवश्यकता है, घुमक्कड इस बात को अच्छी तरह से जानता है, इसलिए यह नानात्व में एकत्व को ढूंढ निकालता है। मुझे याद है १९१३ की वह शाम, मैं कर्नाटक देश में होसपेट स्टेशन पर उतरकर विजय

नगरम् के खण्डहरों मे पहुँचा था—वही खण्डर, जिसमे किसी समय मानव-जीवन की सुन्दर मदिरा छलक रही थी, कही मणिमाणिक्य, मुक्ता-सुवर्ण से भरी हुई आपण-शालायें जगमगा रहा थीं, कहीं सगीत और साहित्य की चर्चा चल रही थी, कहीं शिल्पी अपने हाथ से छूकर जादू की तरह सुन्दर वस्तुओं का निर्माण कर रहे थे, कहीं नाना प्रकार के पकवान और मिठाइयाँ तैयार करके सजाई हुई थी, जिनकी सुगन्धि से जीभ को सिक्त होने से रोकना मुश्किल था। आज जो उजडे दीखते हैं उस समय मे वे भव्य देवालय थे, जिनकी गंध-धूप से चारो ओर सुगन्धि छिटक रही थी और जिनकी बाहर की वीथियों मे तरह-तरह की सुगन्धित पुष्पो की मालाए सामने रखे मालिनें बैठी रहती थी। इसी सायंकाल को तरुणियाँ नवीन परिधान पहने भ्रमर-सदृश काले-चमकीले केश-पाशो को सुन्दर पुष्पों से सजाये अपने यौवन और सौंदर्य से दिशाओं को चमत्कृत करते घूमने निकलती थी। प्राचीन विजयनगर के अतीत के चित्र को अपने मानस नेत्रों से देखता और पैरों से उसके बीहड कंकाल में घूमता हुआ मैं एक इमली के पेड के नीचे पहुँचा। एक पुराने चबूतरे पर वहां एक वृद्ध बैठा था—साधारण आदमी नहीं घुमक्कड।

वृद्ध ने एक तरुण घुमक्कड को देखकर कहा—आओ संत, थोडा आराम करो। तरुण घुमक्कड उसके पास बैठ गया। सामने आग जल रही थी। दक्षिणी अमेरिका से तीन सौ ही वर्ष पहले आये तम्बाकू ने साधारण लोगो के जीवन की ही शुष्कता को कुछ हद तक दूर नही कर दिया, बल्कि उसके गुणों के कारण आज घुमक्कड भी उसके कृतज्ञ हैं। वहां आग भी उसीके लिए जल रही थी। नही कह सकता, ज्येष्ठ घुमक्कड़ के पास गांजा था या नहीं। यह भी नहीं कह सकता, कि उस महीने मे तरुण गांजापान से विरत था या नहीं। खैर, ज्येष्ठ घुमक्कड ने सूखे तमाखू की चिलम भरी और फिर दोनों बारी-बारी से चिलम का दम लगाते देश-देशान्तर की बातें करने लगे। थोड़ी देर मे एक तीसरा घुमक्कड भी आ गया।

चिलम कुछ देर से हाथ में आने लगी, किन्तु अब गोष्ठी में तीन कण्ठों से बातें निकल रही थी। सूर्य अस्त हो गया, अन्धेरा होने की नौबत आई। तीसरे घुमक्कड़ ने तरुण से कहा—"चलें तुंगभद्रा के तीर, वहां और भी तीन मूर्तियां हैं।" ज्येष्ठ घुमक्कड़ से एक चिर-परिचित बन्धु की तरह विदाई ले तरुण उसके साथ चल पड़ा। जानते हैं वे तीनों घुमक्कड़ कौनसे धर्म को मानते थे। उनका सर्वोपरि धर्म था घुमक्कड़ी, किन्तु उन्होंने अपने-अपने व्यक्तिगत धर्म भी मान रखे थे। ज्येष्ठ घुमक्कड़ एक मुसलमान फकीर, अच्छा घुमक्कड़ था, तरुण घुमक्कड़ इन्हीं पंक्तियों का लेखक था, और उस समय शंकराचार्य और रामानुजाचार्य के पथों के बीच में लटक रहा था, तथा छूतछात में थोड़ा ही उदार हो पाया था। तीसरा घुमक्कड़ शायद कोई संन्यासी था।

तुंगभद्रा के किनारे पत्थर की मढ़ियों और घरों की क्या कमी थी, जब कि विजयनगर की सारी नगरी वहां बिखरी हुई थी। मढ़ी नहीं पत्थर का ओसारा जैसा था। लकड़ी की कमी नहीं थी, यह इसी से स्पष्ट था कि धुनी में मन-मन-भर के तीन-चार कुंदे लगे हुए थे। उस प्रदेश में जाड़ा अधिक नहीं होता, तो भी यह पूस-माघ का महीना था। पांच मूर्तियां धुनी के किनारे बैठी हुई थीं। किसीके नीचे कम्बल था, किसीके नीचे मृगछाला। दूकान शायद पास में नहीं थी, यदि रही होती तो अवश्य उनमें से किसीने भी अपने गांठ के पैसे को खोलने में कम उतावलापन नहीं दिखलाया होता। घुमक्कड़ी का रस यहां छल्-छल् बह रहा था, किसीमें 'मैं' और 'मेरे' की भावना न थी, न किसी तरह की चिन्ता थी। उनमें न जाने कौन कहां पैदा हुआ था। घुमक्कड़ जब तक कोई विशेष प्रयोजन न हो, किसीका जन्मस्थान नहीं पूछते और जात-पांत पूछना तो घटिया श्रेणी के घुमक्कड़ों में ही देखा जाता है। किसीने आटे को गूंध दिया और किसीने बड़े-बड़े टिक्कर धुनी की एक ओर हटाई निर्धूम

आग मे डाल दिये, किसीने चिलम भरकर भीगी साफी के साथ दोनों हाथों से सर्वज्येष्ठ पुरुष के हाथ मे दिया और उसने "लेना हो शकर, गांजा है न कंकर। कैलाशपति के राजा, दम लगाना हो तो आजा।" कहकर एक हल्की और दूसरी कडी टान खीची, फिर मुह से धुँए की विशाल राशि को चारों ओर बिखेरते हुए अपने बगल के घुमक्कड़ के हाथ मे दे दिया। चिलम इसी तरह घूमती रही, उधर देश-देशान्तर की बाते भी होती रही। किसीने किसी नवीन स्थान की बातें सुनकर वहां जाने का संकल्प किया; किसीने अपने देखे हुए स्थानो की बाते कहकर दूसरे का समर्थन किया। भोजन चाहे सूखी रोटी और नमक का ही रहा हो, लेकिन वह कितना मधुर रहा होगा, इसका अनुमान एक घुमक्कड़ ही कर सक्ता है। बडी रात तक इसी तरह घुमक्कडों का सत्संग चलता रहा। वेदान्त, वैराग्य का वहां कोई नाम नही लेता था, न हरिकीर्त्तन की कोई पूछ थी (अभी हरि-कीर्तन की बीमारी बहुत बढ़ी नहीं थी)। घुमक्कड़ जानते हैं, यह दुनिया ठगने की चीज़ है। प्रथम श्रेणी के घुमक्कड़ इस तरह की प्रवंचना से अलग रहना चाहते हैं।

हाँ, तो धर्मों की संकीर्ण सीमाओं को घुमक्कड़ पार कर जाता है, उसके लिए यह भेदभाव तुच्छ-सी चीज़ हैं, तभी तो वहां इमली के नीचे मुसलमान घुमक्कड ने दो काफिर घुमक्कडो का स्वागत किया और तुंगभद्रा के तट पर पांचो मूर्तियो ने संन्यासी, वैरागी का कोई ख्याल नही रखा। लेकिन घुमक्कड़ की उदारता के रहते हुए भी धर्मों की सीमाएं है, जिनके कारण घुमक्कड़ और ऊपर नहीं उठने पाता। यदि यह नहीं होता तो तरुण घुमक्कड को इमली के नीचे रात बिताने मे उज्र नहीं होना चाहिए था। आखिर वहां धुनी रमाये शाहसाहब दो टिक्कर पैदा कर सकते थे, जिसमे एक तरुण को भी मिल जाता। यहां आवश्यकता थी कि घुमक्कड़ सारे बंधनो को तोड़ फेकता। वहां तक पहुंचने मे इन पंक्तियों के लेखक को पंद्रह-

सोलह वर्ष और लगे और उससे सफलता मिली बुद्ध की कृपा से, जिसने हृदय की ग्रन्थियों को भिन्न कर दिया, सारी समस्याओं को छिन्न कर दिया।

ईसाई घुमक्कड ब्राह्मण-धर्मी घुमक्कड से इस बात मे अधिक उदार हो सकता है, मुसलमान फकीर भी घुमक्कडी के नशे में चूर होने पर किसी तरह के भेदभाव को नहीं पूछता। लेकिन, सबसे हीरा धर्म घुमक्कड के लिए जो हो सकता है, वह है बौद्ध धर्म, जिसमे न छूआछूत की गुंजाइश है, न जात-पांत की। वहा मगोल चेहरा और भारतीय चेहरा, एसियाई रंग और यूरोपीय रंग, कोई भेदभाव उपस्थित नही कर सकते। जैसे नदियां अपने नाम-रूप को छोडकर समुद्र मे एक हो जाती हैं, उसी तरह यह बुद्ध धर्म है। इस धर्म ने घुमक्कडों के लिए एसिया के बडे भाग का दर्वाजा खोल दिया है। चीन मे जाओ या जापान में, कोरिया मे जाओ या कम्बोज मे, स्याम में जाओ या सिंहल मे, तिब्बत मे जाओ या मगोलिया में, सभी जगह आत्मीयता देखने मे आती है। लेकिन घुमक्कड को यह आत्मीयता किसी सकीर्ण अर्थ में नही लेनी चाहिए। उसके लिए चाहे कोई रोमन कैथालिक या ग्रीक सम्प्रदाय का भिक्षु हो, यदि वह भिक्षुपन की उच्च सीढी अर्थात् प्रथम श्रेणी के घुमक्कड के पद पर पहुँच गया है, तो उसे ईसाई साधु को देखकर उतना ही आनन्द होगा जितना अपने सम्प्रदाय के व्यक्ति से मिलकर। उसके बर्ताव में उसी समय बिलकुल अन्तर हो जायगा, जब कि मालूम हो जायगा कि कैथालिक साधु तेली का बैल नही है और न रेलो तथा जहाजो तक ही गति रखता है। जहा उसने अफ्रीका के सेहरा, सीनाई पर्वत की यात्रा की कुछ बातें बतलाईं कि दोनों मे सगापन स्थापित हो गया। साधु सुन्दरसिंह के नाम को कौन सम्मान से नहीं लेगा। वह एक ईसाई घुमक्कड थे और हिमालय के दुर्गम प्रदेशों में बराबर इधर-से-उधर जाते रहने में रस लेते थे। ऐसी ही किसी यात्रा में उन्होंने कहीं पर अपने शरीर को छोड दिया। साधु सुन्दरसिंह के ईसा के भक्त होने में कौन-

सा अन्तर पड जाता है ? घुमक्कड वस्तुतः धर्म को व्यक्तिगत चीज समझता है।

धर्मों और सम्प्रदायों के बन्धनो का ऊपरी प्रश्न घुमक्कड के लिए कोई बात नही है। दोनो मध्य एसिया मे इस्लाम के पहुँचने के पहले घुमक्कड़ साधुओ का बालबाला था। देश-देश के घुमक्कड वहां पहुचते थे। दक्षिण से भारतीय, पूर्व से चीनी बौद्ध आते, पश्चिम से नेस्तोरी (ईसाई) और मानी-पन्थी साधु आते। उनके अलग-अलग मठ और मन्दिर भी थे, किन्तु साथ ही एक-दूसरे के मन्दिर के द्वार भी किसीके लिए बन्द नही थे। सुदूर उत्तर एसिया की घुमन्तू जाति मे भी वह बहुत घूमा करते थे। वह भी एक जगह मिलने पर उसी तरह का दृश्य उपस्थित करते, जैसा कि उस दिन तुङ्गभद्रा के किनारे देखने मे आया था। लेकिन हजार-ग्यारह सौ वर्ष पहले मध्य एसिया मे इस्लाम जैसा कट्टर धर्म पहुंच गया। उसने समझाने की जगह तलवार से काम लेना चाहा। मध्य एसिया मे ऐसे अनेक उदाहरण मिले हैं, जब कि बौद्ध, मानी और नेस्तोरी पन्थ के साधुओ ने एक छत के नीचे रहकर अपना जीवन बिताया और उसी छत के नीचे इस्लामी तलवार के नीचे अपनी गर्दनें दे दीं। यहां तक कि जब पूर्वी मध्य एसिया से बौद्ध साधु भागकर दक्षिण से लदाख के बौद्ध देश मे आये, तो वह अपने साथ नेस्तोरी बन्धुओ को भी लेते आये। इस महान् भ्रातृभाव को इस्लामी मुल्लाओ ने नही समझ पाया। आगे चलकर उनमे घुमक्कडी का बीज जब जमने लगा, तो सभी धर्मों के साथ सहिष्णुता भी उनके फकीरो मे आने लगी।

धर्मों के सम्बन्ध मे घुमक्कड़ का क्या भाव होना चाहिए, यह ऊपर के कथन से स्पष्ट हो गया होगा। घुमक्कड़ी व्रत और संकीर्ण सांप्रदायिकता एक साथ नही चल सकती। प्रथम श्रेणी के घुमक्कड को हम श्रेष्ठ पुरुष मानते हैं। वह मानव-मानव में संकीर्ण भेदभाव को नही पसन्द करता। सभी धर्मों ने मानवता की जो अमूल्य सेवाएं भिन्न-

भिन्न क्षेत्रों मे की हैं, उसकी वह कदर करता है, यद्यपि धर्मान्धों को वह क्षमा नहीं कर सकता। सभी धर्मों ने केवल देववाद और पूजा-पाखंड तक ही अपने कर्तव्य की इतिश्री नहीं समझी। उन्होने अपने-अपने कार्यक्षेत्र मे उच्च साहित्य का सृजन किया, उच्चकला का निर्माण किया, वहां के लोगों के मानसिक विकास के तल को ऊंचा किया, साथ ही आर्थिक साधनों को भी उन्नत बनाने मे सहायता की। यही सेवाएं हैं, जिनके कारण तत्तद्-देशो मे अपने-अपने धर्म के प्रति विशेष सद्भाव और प्रेम देखा जाता है; तथा कोई अपने ऐसे सेवक धर्म को सहसा छोड़ने के लिए तैयार नही होता। जिस तरह धर्मों ने सारे देश और जाति की सेवा की है, उसी तरह उसने घुमक्कड़ी आदर्श के विकास और विस्तार मे भी भाग लिया है। इसलिए धर्मों की सारी निर्दोष भावनाओं और प्रवृत्तियो के प्रति घुमक्कड़ की सहानुभूति होती है। हो सकता है, घुमक्कड़ का किसी एक धर्म के प्रति अधिक सम्मान हो, किन्तु अनेक बार घुमक्कड़ को सभी रूपो मे देखा जा सकता है। इसे सिद्धान्तहीनता नहीं कहा जा सकता। सिद्धान्तहीनता तो तब हो, जब घुमक्कड़ अपने उक्त सद्भाव को छिपाना चाहें।

लेकिन आजकल ऐसे भी घुमक्कड़ मिल सकते है जो धर्म से बिलकुल सम्बन्ध नहीं रखते। ऐसा घुमक्कड़ बुरा नहीं कहा जा सकता, बल्कि आजकल तो कितने ही प्रथम श्रेणी के घुमक्कड़ इसी तरह के विचार के होते हैं। विस्तृत भूखंड की यात्रा करने और शताब्दियो के अपरिमित ज्ञान के आलोडन करने पर वह धर्मों से संन्यास ले सकते हैं, तो भी उच्चतम घुमक्कड़ी आदर्श को जो अपने जीवन का अंग बनाते हैं, वह सबसे अधिक अपने घुमक्कड़ बन्धुओं और सारी मानवता के हितैषी होते हैं। समय पड़ने पर नास्तिक घुमक्कड़ अपने विचारों को स्पष्ट प्रकट करते नहीं हिचकिचाता, किन्तु साथ ही सच्चे भाव से धर्म मे श्रद्धा रखने वाले किसी अपने घुमक्कड़-बन्धु के दिल को वह कठोर वाग्बाण का लक्ष्य भी नहीं बना सकता। उसका लक्ष्य है, सबको मित्रतापूर्ण दृष्टि से देखना।

# प्रेम

घुमक्कड़ को दुनिया मे विचरना है, उसे अपने जीवन को नदी के प्रवाह की तरह सतत प्रवाहित रखना है, इसीलिए उसे प्रवाह में बाधा डालने वाली बातो से सावधान रहना है। ऐसी बाधक बातो मे कुछ के बारे मे कहा जा चुका है, लेकिन जो सबसे बडी बाधा तरुण के मार्ग मे आती है, वह है प्रेम। प्रेम का अर्थ है स्त्री और पुरुष का पारस्परिक स्नेह, या शारीरिक और मानसिक लगाव। कहने को तो प्रेम को एक निराकार मानसिक लगाव कह दिया जाता है, लेकिन वह इतना निर्बल नही है। वह नदी जैसे प्रचड प्रवाह को रोकने की भी सामर्थ्य रखता है। स्वच्छंद मनुष्य की सबसे भारी निर्बलता इसी प्रेम मे निहित है। घुमक्कड़ के सारे जीवन मे मनुष्यमात्र के साथ मित्रता और प्रेम व्याप्त है। इस जीवन-नियम का वह कहीं भी अपवाद नही मानता। स्नेह जहां पुरुष-पुरुष का है, वहां वह उसी निराकार सीमा मे सीमित रह सकता है, लेकिन पुरुष और स्त्री का स्नेह कभी प्लातोनिक-प्रेम तक सीमित नही रह सकता। घुमक्कड अपनी यात्रा में घूमते-घामते किसी स्थान पर पहुंचता है। उसके स्निग्ध-व्यवहार से उस अपरिचित स्थान के नर-नारियो का भी उसके साथ मधुर सम्बध स्थापित हो जाता है। यदि घुमक्कड़ उस स्थान पर कुछ अधिक रह जाता है, और किसी अगलितवयस्का अनतिकुरूपा स्त्री से ज्यादा घनिष्ठता हो जाती है, तो निश्चय ही वह साकार-प्रेम के रूप में परिणत होकर रहेगी। बहुतों ने पवित्र, निराकार, अभौतिक

प्लातोनिक-प्रेम की बडी-बडी महिमा गाई है, और समझाने की कोशिश की है कि स्त्री-पुरुष का प्रेम सात्विक-तल तक सीमित रह सकता है। लेकिन यह व्याख्या आत्मसम्मोहन और परवचना से अधिक महत्त्व नही रखती। यदि कोई यह कहे कि ऋण और धन विद्युत् तरंग मिलकर प्रज्वलित नही होंगे, तो यह मानने की बात नहीं है।

जैसा कि मैंने पहले ही कहा है, घुमक्कड को केवल अपने स्वाभाविक स्नेह या मैत्रीपूर्ण भाव से ही इस खतरे का डर नहीं है। डर तब उत्पन्न होता है, जब वह स्नेह ज्यादा घनिष्ठता और अधिक कालव्यापी हो जाय, तथा पात्र भी अनुकूल हो। अधिक घनिष्ठता न होने देने के लिए ही कुछ घुमक्कडाचार्यों ने नियम बना दिया था, कि घुमक्कड एक रात से अधिक एक बस्ती में न रहे। निरुद्देश्य घूमनेवालो के लिए यह नियम अच्छा भी हो सकता है, किन्तु घुमक्कड को घूमते हुए दुनिया को आंखे खोलकर देखना है, स्थान-स्थान की चाजों और व्यक्तियो का अध्ययन करना है। यह सब एक नजर देखते चले जाने से नही हो सकता। हर महत्त्वपूर्ण स्थान पर उसे समय देना पडेगा, जो दो-चार महीने से दो-एक बरस तक हो सकता है। इसलिए वहां घनिष्ठता उत्पन्न होने का भय अवश्य है। बुद्ध ने ऐसे स्थान के लिए दो और संरक्षको की बात बतलाई है—ह्री (लज्जा) और अपत्रपा (सकोच)। उन्होंने लज्जा और संकोच को शुक्ल, विशुद्ध या महान् धर्म कहा है, और उनके माहात्म्य को बहुत गाया है। उनका कहना है, कि इन दोनो शुक्लधर्मों की सहायता से पतन से बचा जा सकता है। और बातों की तरह बुद्ध की इस साधारण-सी बात मे भी महत्त्व है। लज्जा और सकोच बहुत रक्षा करते हैं, इसमे सन्देह नहीं, जिस व्यक्ति को अपनी, अपने देश और समाज को प्रतिष्ठा का ख्याल होता है, उसे लज्जा और सकोच करना ही होता है। उच्च श्रेणी के घुमक्कड कभी ऐसा कोई कार्य नहीं कर सकते, जिससे उनके व्यक्तित्व या देश पर लांछन लगे। इसलिए ह्री और अपत्रपा के महत्त्व को कम

नहीं किया जा सकता। इन्हे घुमक्कड़ में अधिक मात्रा में होना चाहिए। लेकिन भारी कठिनाई यह है कि अन्योन्यपूरक व्यक्तियों में एक दूसरे के साथ जितनी ही अधिक घनिष्ठता बढ़ती जाती है, उसी के अनुसार संकोच दूर होता जाता है; साथ ही दोनो एक-दूसरे को समझने लगते हैं, जिसके परिणामस्वरूप लज्जा भी हट जाता है। इस प्रकार लज्जा और सकोच एक हद तक ही रक्षा कर सकते हैं।

स्त्री पुरुष का एक-दूसरे के प्रति आकर्षण और उसका परिणाम मानव की सनातन समस्या है। इसे हल करने की हर तरह से कोशिश की गई है। आदिम समाज में यह कोई समस्या ही नहीं थी, क्योंकि वहाँ दोनों का संपर्क-संसर्ग बिलकुल स्वाभाविक रूप मे होता था और समाज द्वारा उसमें कोई आपत्ति नहीं उठाई जाती थी। लेकिन जैसे-जैसे समाज का विकास हुआ और विशेषकर स्त्री नहीं पुरुष समाज का स्वामी बन गया, तब से उसने इस स्वाभाविक संसर्ग में बहुत तरह की बाधाएं डालनी शुरू कीं। बाधाओं को रखकर पहले उसने जहाँ-तहाँ गुंजाइश भी रखी थी। कितनी ही जातियों में—जिन्हे एकदम आदिम अवस्था मे नहीं कह सकते—अतिथि-सेवा मे स्त्री का प्रस्तुत करना भी सम्मिलित था। ग्रीक विचारक सुक्रात ने अपने अतिथि की इस तरह सेवा की थी। देहरादून जिले के जौनसार इलाके मे इस शताब्दी के आरम्भ तक अतिथि की इस प्रकार से सेवा आम बात थी। इस तरह के यौन-स्वेच्छाचार के जब सभी प्रादिम तरीके उठा दिये गए, तो भी सारे बन्धनों को तोडकर वहा ले जाने के डर से लोगो ने दोहरे सदाचार का प्रचार शुरू किया—"प्रवृत्ते भैरवीचक्रे, निवृत्ते भैरवीचक्रे"। साधारण समाज के सामने सदाचार का दूसरा रूप रखा गया, और एकांत मे स्वगोष्ठी वालो के सामने दूसरा ही सदाचार माना जाने लगा। यह काम सिर्फ भारतवर्ष मे बौद्ध या ब्राह्मणतांत्रिकों ने ही नहीं किया, बल्कि दूसरे देशों मे भी यह प्रथा देखी गई है। भारत मे भी यह प्रथा पुराण-पंथियों तक ही संबधित नहीं रही, बल्कि कितने

ही पूज्य आधुनिक महापुरुषो ने इसे आध्यात्मिक-साधना का एक आवश्यक अंग माना है। यौन-ससर्ग को उसके स्वाभाविक रूप तक मे लेना कोई वैसी बात नहीं है, लेकिन आध्यात्मिक सिद्धि का उसे साधन मानना, यह मनुष्य की निम्नकोटि की प्रवृत्तियो से अनुचित लाभ उठाना मात्र है, मनुष्य की बुद्धि का उपहास करना है।

प्रथम श्रेणी के घुमक्कड से यह आशा नहीं रखी जा सकती, कि आध्यात्मसिद्धि, दर्शन, यौगिक चमत्कार की भूल-भुलैया मे पडकर वह प्राचीन या नवीन वाममार्ग की मोदक व्याख्याओ को स्वीकार करेगा। शायद उसके असली आदिम रूप मे स्वीकार करने मे उसे उतनी आपत्ति नहीं होगी, किंतु उसे अर्थ-धर्म-काम-मोक्ष और दुनिया की सारी ऋद्धि-सिद्धियों का साधन मनवाना, यह अति मे जाना है। लेकिन स्वाभाविक मानने का यह अर्थ नहीं है, कि घुमक्कड उसे बिलकुल हल्के दिल से स्वीकार करे। वस्तुतः उसे अपनी व्याख्या का स्वयं लाभ उठाने की कोशिश नही करनी चाहिए, और ख्याल रखना चाहिए, कि वैसा करने पर उसका पख कट जायगा, और फिर वह आकाशचारी विहग नहीं रह सकेगा।

ही और अपत्रपा के अतिरिक्त और भी चीजे हैं, जिनको ध्यान रखते हुए घुमक्कड आत्म-रक्षा कर सकता है। यह मालूम है कि यौन-सम्बन्ध जहां सुलभ है, वहाँ रतिज रोगो की भरमार होती है। उपदंश और मूत्रकृच्छ्र के भयानक रोग उन स्थानो पर सर्वत्र फैले दीख पडते हैं। अल्पविकसित समाज मे यौन-सम्बन्धो पर उतना प्रतिबन्ध नहीं रहता, और जहाँ ऐसे समाज का सम्बन्ध अधिक प्रतिबन्ध वाले तथा अधिक विकसित समाज के व्यक्तियो से होता है, वहाँ रतिज रोगों का भयकर प्रसार हो पडता है। हिमालय के लोग यौन-संबंध मे बहुत कुछ दो-ढाई हजार वर्ष पहले के लोगो जैसे थे। अग्रेजों ने हिमालय के कुछ स्थानो पर गोरो के लिए छावनियाँ स्थापित कीं, जहाँ मैदानी लोग भी पहुंच गए। छावनियो ने रतिज रोगों के वितरण का काम बड़े

जोर से किया। आज इन छावनियों के पास के गाँवों में ७० प्रतिशत तक नर-नारी रतिज-रोग-ग्रस्त हैं। शिमला के पास के कुछ गाँव तो उजड़ने को तैयार हैं। एक गाँव में मूत्रकृच्छ्र के कारण कई घर निर्वंश हो चुके हैं। मूत्रकृच्छ्र वंश उच्छेद करता और व्याधिग्रस्त व्यक्ति को कष्ट देता है, साथ ही वह उपदंश की भाँति ही एक से दो से चार, चार से सोलह करके शीघ्रता से बढ़ता जाता है; इसलिए एक शताब्दी भी नहीं हुई और छावनियों के पास के गाँवों की ऐसी हालत हो गई। उपदंश और भी भयंकर रोग है। वह फैलने ही मे तेज नहीं है, बल्कि अपने साथ कुष्ठ और पागलपन की आनुवंशिक बीमारियाँ लिये चलता है। उपदंश का रोगी सतानोत्पत्ति से वंचित नही होता, अर्थात् वह अपने रोग को अगली पीढ़ियों तक के लिए छोड़ जाता है, जिससे व्यक्ति ही नहीं जाति के लिए भी वह भयंकर चीज है। मूत्रकृच्छ्र की तो पेनिसिलीन जैसी कुछ रामवाण औषधियाँ भी निकल आई हैं, लेकिन उपदंश तो अब भी असाध्य-सा है। घुमक्कड को इस बात पर सावधानी से विचार करना होगा और ध्यान रखना होगा, जिसमे वह किसी भारी भूल का शिकार नहीं हो जाय। जहाँ यौन-सम्बन्ध सुलभ है, वहाँ यदि रतिजरोगों की भयंकरता का ख्याल रखा जाय और जहाँ दुर्लभ है, वहाँ लज्जा और संकोच का कवच पास मे रहे, तो कितनी ही हद तक तरुण घुमक्कड़ अपनी रक्षा कर सकता है।

स्त्री-पुरुष का पारस्परिक आकर्षण बहुत प्रबल है। सवाल हो सकता है, क्या घुमक्कड के लिए ऐसा रास्ता निकल आ सकता है, जिसमें वह अपने धर्म से पतित हुए बिना जीवन-यात्रा को पूरा कर सके? हां, इस का एक ही उपाय है, जिसकी ओर हम संकेत भी कर चुके हैं। वह है दो घुमक्कड व्यक्तियों में प्रेम का होना, जिसके लिए वह यह शर्त रख सकते हैं, कि प्रेम उनके लिए पाश बनने का कारण न होगा। ऐसा प्रेम या तो नदी या नाव का सयोग होगा या दो सह-यात्रियों का प्रेम होगा। लेकिन दोनों अवस्थाओं मे यह तो ध्यान रखना

होगा, कि सख्या चतुष्पाद से अधिक नही हो। शर्त कठिन है, लेकिन जिसने घुमक्कड का व्रत लिया है, उसे ऐसी शर्तों के लिए तैयार रहना चाहिए।

कई घुमक्कडो ने जरा-सी असावधानी से अपने लक्ष्य को खो दिया, और बैल बनकर खूंटे से बंध गए। कहा उनका वह जीवन, जब कि वह सदा चलते-घूमते अपने मुक्त जीवन और व्यापक ज्ञान से दूसरो को लाभ पहुँचाते रहे, और कहा उनका चरम पतन? मुझे आज भी अपने एक मित्र की करुण-कहानी याद आती है। उसकी घुमक्कडी भारत से बाहर नही हुई थी, लेकिन भारत मे वह काफी घूमा था, यदि भूल न की होती, तो बाहर भी बहुत घूमता। वह प्रतिभाशाली विद्वान था। मै उसका सदा प्रशसक रहा, यद्यपि न जानने के कारण एक बार उसको ईर्ष्या हो गई थी। घूमते-घूमते वह गुड की मक्खी बन गया, पंख बेकार हो गए। फिर क्या था, द्विपाद से चतुष्पाद तक ही थोड़े रुक सकता था। षट्पद, अष्टापद शायद द्वादशपाद तक पहुँचा। सारी चिन्ताए अब उसके सिर पर आ गईं। उसका वह निर्भीक और स्वतत्र स्वभाव सपना हो चला, जब कि नून-तेल-लकडी की चिता का वेग बढा। नून-तेल-लकडी जुटाने की चिता ने उसके सारे समय को ले लिया और अब वह गगन-विहारी हारिल जमीन पर तडफडा रहा था। चिताए उसके स्वास्थ्य को खाने लगी और मन को भी निर्बल करने लगीं। वह अद्भुत प्रतिभाशाली स्वतन्त्रचेता विद्वान—जिसका अभाव मुझे कभी-कभी बहुत खिन्न कर देता है—अत मे अपनी बुद्धि खो बैठा, पागल हो गया। खैरियत यही हुई कि एक-दो साल ही मे उसे इस दुनिया और उसकी चिन्ता से मुक्ति मिल गई। यदि वह असाधारण मेघावी पुरुष न होता, यदि वह बडे बड़े स्वप्नो को देखने की शक्ति नहीं रखता, तो साधारण मनुष्य की तरह शायद कैसे ही जीवन बिता देता। उसको ऐसा भयंकर दण्ड इसीलिए मिला कि उसने जीवन के सामने जो उच्च लक्ष्य रखा था, जिसे अपनी गलती के कारण उसे छोड़ना पड़ा

था, वही अंत में चरम निराशा और आत्मग्लानि का कारण बना। घुमक्कड़ तरुण जब अपने महान् आदर्श के लिए जीवन समर्पित करे, तो उसे पहले सोच और समझ लेना होगा कि गलतियों के कारण आदमी को कितना नीचे गिरना पड़ता है और परिणाम क्या होता है।

इन पंक्तियों के लिखने से शायद किसी को यह ख्याल आए, कि घुमक्कड़ पंथ के पथिकों के लिए भी वही ब्रह्मचर्य चिरपरिचित किंतु अव्यवहार्य, वही आकाश-फल तोड़ने का प्रयास बतलाया जा रहा है। मैं समझता हूँ, उन सीमाओं और बंधनों को न मानकर फूंक से उड़ा देना केवल मन की कल्पना-मात्र होगी, जिन्हें कि आज के समाज ने बड़ी कड़ाई के साथ स्वीकार कर लिया है। हो सकता है यह रूढ़ियां कुछ सालों बाद बदल जायं—बड़ी-बड़ी रूढ़ियां भी बदलती देखी जा रही हैं—उस वक्त घुमक्कड़ के रास्ते की कितनी ही कठिनाइयां स्वतः हल हो जायगी। लेकिन इस समय तो घुमक्कड़ को बहुत कुछ आज के बाजार के भाव से चीजों को खरीदना पड़ेगा, इसीलिए लज्जा और संकोच को हटा फेंकना अच्छा नहीं होगा। यह सब मानते हुए भी यह भी मानना पड़ेगा कि प्रेम में स्वभावतः कोई ऐसा दोष नहीं है। वह मानव-जीवन को शुष्क से सरस बनाता है, वह अद्भुत आत्म-त्याग का भी पाठ पढ़ाता है। दो स्वच्छन्द व्यक्ति एक दूसरे से प्रेम करें यह मनुष्य की उत्पत्ति के आरम्भ से होता आया है, आज भी हो रहा है, भविष्य में भी ऐसे किसी समय की कल्पना नहीं की जा सकती, जब कि मानव और मानवी एक दूसरे के लिए आकर्षक और पूरक न हों। वस्तुतः हमारा झगड़ा प्रेम से नहीं है; प्रेम रहे, किंतु पंख भी साथ में रहें। प्रेम यदि पंखों को गिराकर ही रहना चाहता है, तब तो कम-से-कम घुमक्कड़ को इसके बारे में सोचना क्या, पहले ही उसे हाथ जोड़ देना होगा। दोनों प्रेमियों के घुमक्कड़ी धर्म पर दृढ़ आरूढ़ होने पर बाधा का कम डर रहता है। एक हिमालय का घुमक्कड़ कई सालों तक चीन से भारत की सीमा तक पैदल चक्कर लगाता रहा; उसके साथ

उसी तरह की सहयात्रिणी थी। लेकिन कुछ सालो याद न जाने कैसे मतिभ्रम में पडे, और वह चतुष्पाद से षट्पद हो गए, फिर उसके पुराने सारे गुण जाते रहे—न वह जोश रहा, न वह तेज।

प्रेम के बारे मे किस-किस दृष्टि से सोचने की आवश्यकता है, इसे हमने कुछ यहा रख दिया हैं। घुमक्कड को परिस्थिति देखकर इस पर विचार करना और रास्ता स्वीकार करना चाहिए। शरीर मे पौरुष और बल रहते-रहते यदि भूल हो तो कम-से-कम आदमी एक घाट का तो हो सकता है। समय बीत जाने पर शक्ति के शिथिल हो जाने पर भार का कधे पर आना अधिक दु:ख का कारण होता हैं। फिर यह भी समझ लेना हैं, कि घुमक्कड का अन्तिम जीवन पेंशन लेने का नहीं हैं। समय के साथ-साथ आदमी का ज्ञान और अनुभव बढता जाता है, और उसको अपने ज्ञान और अनुभव से दुनिया को लाभ पहुंचाना है, तभी वह अपनी जिम्मेदारी और हृदय के भार को हल्का कर सकता है। इसके साथ ही यह भी स्मरण रखना चाहिए, कि समय के साथ दिन और राते छोटी होती जाती हैं। बचपन के दिनो और महीनों पर ख्याल दौडाइए, उन्हे आज के दिनों से मुकाबला कीजिए, मालूम होगा, आज के दस दिन के बराबर उस समय का एक दिन हुआ करता था। वह दिन युगों मे वैसे ही बीते, जैसे तेज़ बुखार आए आदमी का दिन। अन्तिम समय मे, जहां दिन-रात इस प्रकार छोटे हो जाते हैं, वहां करणीय कामो की संख्या और बढ़ जाती है। जिस वक्त अपनी दूकान समेटनी है, उस समय के मूल्य का ज्यादा ख्याल करना होगा और अपनी घुमक्कडी की सारी देनों को संसार को देकर महाप्रयाण के लिए तैयार रहने की आवश्यकता है। भला ऐसे समय पंथ की सीमाओं के बाहर जाकर प्रेम करने की कहां गुंजाइश रह जाती है? इस प्रकार घुमक्कडी से पेंशन लेकर प्रेम करने की साध भी उचित नही कहीं जा सकती।

तो क्या कहना पड़ेगा, कि मेघदूत के यक्ष की तरह और एक

वर्ष नहीं बल्कि सदा के लिए प्रेम से अभिशप्त होकर रहना घुमक्कड के भाग्य मे बदा है। बात वस्तुतः बहुत कुछ ऐसी ही मालूम होती है। घुमक्कड़ चाहे मुंह से कहे या न कहे, लेकिन दूसरो को समझ लेना चाहिए, कि उससे प्रेम करके कोई व्यक्ति सुखी नहीं रह सकता। वह अपने सम्पूर्ण हृदय को किसी दूसरी प्रेयसी– घुमक्कड़ी—को दे चुका है। उसके दो हृदय तो नहीं हैं। कि एक-एक को एक-एक मे बॉट दे। घुमक्कड़ो की प्रेमिकाओं का बहुत पुराना तजर्बा है—"परदेसी की प्रीत, भुस का तापना। दिया कलेजा फूंक, हुआ नहीं आपना।" हमारे देश मे बगाल और कामाख्या जादूगर महिलाओ के देश माने जाते रहे हैं, कोई-कोई कटक को भी उसमे शामिल करते थे और कहा जाता था, कि वहां की जादूगरनियां आदमी को भेड़ा बनाकर रख लेती है। घुमक्कडो की परम्परा मे ऐसे और कई स्थान शामिल किये गए थे, जिनकी बातें मौखिक परम्परा मे एक से दूसरे के पास पहुँच जाती थी। एक आजन्म घुमक्कड़ साधु कुल्लू की सीमा के भीतर इसलिए नही गये, कि उन्हे किसी गुरु ने बतला दिया था—"जो जाये कुल्लू, हो जाये उल्लू।" हमारे आज के घुमक्कड़ को सिर्फ भारत की सीमा के ही भीतर नहीं रह पूरब-पश्चिम, उत्तर-दक्षिण चारो खूट पृथ्वी को त्रिविक्रम की तरह अपने पैरो से नापना है, फिर उसके रास्ते मे न जाने कितने कामाख्या, बगाल और कुल्लू मिलेगे, और न जाने कितनी जगह मंत्र पढकर पीली सरसो उस पर फेकी जायगी। इसलिए उसके पास दृढ मनोबल की वैसी ही अत्यधिक आवश्यकता हैं जैसे दुर्गम पथों मे साहस और निर्भीकता की।

ग्यारह

## देश-ज्ञान

आज जिस प्रकार के घुमक्कडों की दुनिया को आवश्यकता है, उन्हे अपनी यात्रा केवल "स्वान्त: सुखाय" नही करनी है। उन्हें हरेक चीज इस दृष्टि से देखनी है, जिसमे कि घर बैठे रहनेवाले दूसरे लाखों व्यक्तियों की वह आँख बन सके। इसीलिए घुमक्कड को अपनी यात्रा के आरंभ करने से पहले उस देश के बारे मे कितनी ही बातो की जानकारी प्राप्त कर लेनी आवश्यक है। सबसे पहले जरूरी है रास्ता और देश के ज्ञान के लिए नक्शे का अध्ययन। पुराने युग के घुमक्कडो के लिए यह बडी कठिन बात थी। उस वक्त नक्शे जो थे भी, वे अंदाजी हुआ करते थे। यद्यपि मोटी-मोटी बातो और दिशाओ का ज्ञान हो जाता था, किन्तु देश का कितना थोडा ज्ञान होता था, यह तालमी या दूसरे पुराने नक्शाकारो के मानचित्रो को देखने से मालूम हो जायगा। उस नक्शे का आज के देश से सम्बन्ध जोडना मुश्किल था। ईसवी सदी के बाद जब रोमक, भारतीय और अरब ज्योतिषियो ने भिन्न-भिन्न नगरो के अक्षाश और देशान्तर वेध द्वारा मालूम किये, तो भौगोलिक जानकारी के लिए अधिक सुभीता हो गया। तो भी अच्छे नक्शे १८ वीं सदी से ही बनने लगे। आज तो नक्शा-निर्माण एक उच्च-कला और एक समृद्ध विज्ञान है। किसी देश मे यात्रा करने वाले घुमक्कड के लिए नक्शे का देखना ही नहीं, बल्कि उसके मोटे-मोटे स्थानो को हृदयस्थ कर लेना आवश्यक है। जिन नगरो और स्थानो मे जाना है, वहां की भूमि पहाडी, मैदानी या बालुकामयी है, इन बातो का ज्ञान होना चाहिए। पहाडी भूमि की कम-से कम और अधिक से-अधिक

कितनी ऊंचाई है, यह भी मालूम होना चाहिए। अक्षांश और उन्नतांश (भूमि की ऊंचाई) के अनुसार सर्दी बढ़ती-घटती है। ऋतुओं का परिवर्तन सुमात्रा के बीच से जाने वाली भूमध्यरेखा के उत्तर और दक्खिन में उलटा होता है। जावा और बाली की ओर जाने वाले घुमक्कड़ों का इसकी ओर ध्यान होना आवश्यक है। हमारे यहां यह तो कथा थी, कि देवो के देश मे छ महीने का दिन और छ महीने की रात होती है, लेकिन भौगोलिक तथ्य के तौर पर इसका ज्ञान आधुनिक काल ही में हुआ। रात्रि और दिन का इतना विस्तार हो जाना कि वह एक-दूसरे की जगह ले लें, इसका पता काफी पहले से हो चुका था। १३९५ ई० में तैमूर रूस के मंगोल शासकों पर चढ़ाई करते हुए मास्को तक गया। उसकी सेना उत्तर मे बढते-बढ़ते बहुत दूर चली गई, जहां रात्रि नाम मात्र की रह गई। तैमूर के सौभाग्य से रोजे का दिन नहीं था, नहीं तो या तो धर्म छोडना होता या प्राण देना पडता। तो भी यह समस्या थी कि २० घटे के दिन मे पाँचों नमाजों को कैसे बाँटा जाय। तैमूर ने तीन साल बाद १३९८ ई० में दिल्ली भी लूटी, लेकिन शायद उस वक्त के दिल्ली वालों को तैमूर के सिपाहियों की इस बात पर विश्वास नहीं होता। बहुत दूर उत्तरी ध्रुव में छ महीने का दिन और छ महीने की रात होती है। मैंने तो लेनिनग्राद में भी देखा कि गर्मियों के प्राय. तीन महीने, जिसमें जुलाई और अगस्त भी शामिल हैं, रात्रि होती ही नहीं। दस बजे सूर्यास्त हुआ, दो घटा गोधूलि ने लिया और अगले दो घटों को उषा ने। इस प्रकार रात बेचारी के लिए अवकाश ही नहीं रह जाता, और आधी रात को भी आप घर से बाहर बिना चिराग के अखबार पढ सकते हैं।

इन भौगोलिक विचित्रताओं का थोडा-बहुत ज्ञान घुमक्कड को अपनी प्रथम यात्रा से पहले होना चाहिए। जब वह किसी खास देश मे विचरने जा रहा हो, तो उसके बारे में बडे नक्शे को लेकर सभी चीजों का अच्छी भांति अध्ययन करना चाहिए। तिब्बत और भारत के बीच में

उत्तुंग हिमालय की पर्वतमालायें हैं, लेकिन वह कभी मनुष्य के लिए दुर्लंघ्य नहीं रहा। कश्मीर से लेकर आसाम तक कई सौ ऐसे पर्वत-कंठ हैं, जिनसे पर्वत-पृष्ठों को पार किया जा सकता है। हां, रास्ते सभी सुगम नहीं हैं, न सभी रास्तों में बस्तियां आसानी से मिलती हैं, इसलिए अपरिचित व्यक्ति को ऐसे ही डांडों को पकड़ना पड़ता है, जिनसे प्रधान रास्ते जाते हैं। जहां राज्य की तरफ से दिक्कतें हैं, वहां भेस बदलकर रास्तों को पार किया जा सकता है, अथवा अप्रचलित रास्तों को स्वीकार करना पड़ता है।

नक्शे को देखकर आसाम, भूटान, सिकिम, नेपाल, कमायूं, टिहरी, बुशहर, कांगड़ा और काश्मीर से तिब्बत की ओर जाने वाले रास्तों, उनकी बस्तियों तथा भिन्न-भिन्न स्थानों की पहाड़ी ऊंचाइयों को जिसने देख लिया है, उसके लिए कितनी ही बातें साफ हो जाती हैं। एक डांडा पार कर लेने पर तो दूसरे रास्ते की जानकारी स्वयं ही बहुत-सी हो जाती है। जिसमें घुमक्कड़ी का अंकुर निहित है, उसे दो चार मर्तबा देखा नक्शा आंख मूंदने पर भी दिखलाई पड़ता है। कम-से-कम नक्शे के साथ उसका अत्यधिक प्रेम तो होता ही है। यह भी स्मरण रखना चाहिए कि छिपकर की गई यात्राओं में अक्सर नक्शे का पास रखना ठीक नहीं होता, कभी-कभी तो उसका कारण विदेशी गुप्तचर माना जाने लगता है, इसलिए घुमक्कड़ यदि नक्शे को दिमाग में बैठा ले, तो अच्छा है। कभी-कभी सुपरिचित-सी साधारण पुस्तक के छपे नक्शे से भी काम लिया जा सकता है। नक्शा ही नहीं, बाज़ वक्त तो पुस्तक को भी छोड़ देना पड़ता है। प्रथम तिब्बत-यात्रा में, पहले जिस अंग्रेजी पुस्तक से मैंने तिब्बती भाषा का अध्ययन किया था, उसे एक स्थान पर छोड़ देना पड़ा, और नक्शों को नदी में बहाना पड़ा।

नक्शों के उपयोग के साथ-साथ थोड़ा-बहुत नक्शा बनाने का अभ्यास हो तो अच्छा है। दूसरे नक्शे से काम की चीजें उतार लेना,

तो अवश्य आना चाहिए। जो घुमक्कड भूगोल के सम्बन्ध मे विशेष परिश्रम कर चुका है, और जिसे अल्पपरिचित-से स्थानो मे जाना है, उसको उक्त स्थान के नक्शे के शुद्ध-अशुद्ध होने की जाँच करनी चाहिए। तिब्बत ही नहीं आसाम मे उत्तरी कोण पर भी कुछ ऐसे स्थान है, जिनका प्रामाणिक नक्शा नही बन पाया है। नक्शो मे बिन्दु जोड कर बनाई नदियाँ दिखाई गई होती है, जिसका अर्थ यही है कि वहां के लिए अभी नक्शा बनाने वाले अपने ज्ञान को निर्विवाद नही समझते। आज के घुमक्कड का एक कर्त्तव्य ऐसी विवादास्पद जगहों के बारे मे निर्विवाद तथ्य का निकालना भी है। ऐसा भी होता है कि घुमक्कड़ पहले से किसी बात के लिए तैयार नहीं रहता, लेकिन आवश्यकता पड़ने पर वह उसे सीख लेता है। आवश्यकताओ ने ही बलात्कार करके मुझे कितनी ही चीजें सिखलाई। मेरे घुमक्कड मित्र मानसरोवर-वासी स्वामी प्रणवानन्द जी को आवश्यकता ही ने योगी परिव्राजक से भूगोलज्ञ बना दिया, और उन्होने मानसरोवर प्रदेश के सम्बन्ध की कुछ निर्भ्रान्त समझी जाने वाली भ्रांत धारणाओ का संशोधन किया। हम नही कहते, हरेक घुमक्कड को सर्वज्ञ होना चाहिए, किन्तु घुमक्कडी-पथ पर पैर रखते हुए कुछ कुछ ज्ञान तो बहुत-सी बातो का होना जरूरी है।

सभी देशो के अच्छे नक्शे न मिल सकें, और सभी देशो के संबन्ध मे परिचय-ग्रन्थ भी अपनी परिचित भाषा मे शायद न मिले, किन्तु जो भी साहित्य उपलब्ध हो सके, उसे देश के भीतर घुसने से पहले पढ़ लेना बहुत लाभदायक होता है। इससे आदमी का दृष्टिकोण विशाल हो जाता है, सभी तो नही लेकिन बहुत से धुंधले स्थान भी प्रकाश में आ जाते हैं। अपने पूर्वज घुमक्कडो के परिश्रम के फल से लाभ उठाना हरेक घुमक्कड का कर्त्तव्य है।

घुमक्कड़ के उपयोग की पुस्तके केवल अंग्रेजी मे ही नहीं है, जर्मन, रूसी और फ्रेंच मे भी ऐसी बहुत-सी पुस्तकें हैं। हमारी हिंदी

तो देश की परतन्त्रता के कारण अभी तक अनाथ था। किन्तु अब हमारा कर्त्तव्य है कि हिन्दी में इस तरह के साहित्य का निर्माण करें। हमारे देशभाई व्यापार या दूसरे सिलसिले में दुनिया के कौनसे छोर में नहीं पहुंचे हैं? एसिया और यूरोप का कोई स्थान नहीं, जहां पर वह न हों। उत्तरी अमेरिका और दक्खिनी अमेरिका के राज्यों में कितनी ही जगहों में हजारों की तादाद में वह बस गए हैं। जिनके हाथ में लेखनी है और जिनकी आंखों ने देखा है, इन दोनों के सयोग से बहुत-सी लोकप्रिय पुस्तकें तैयार की जा सकती हैं। अभी तक अंग्रेजी, फ्रेंच, जर्मन, रूसी, चीनी में जो पुस्तकें भिन्न-भिन्न देशों के बारे में लिखी गई हैं, उनका अनुवाद तो होना ही चाहिए। अरब पर्यटकों ने आठवीं से चौदहवीं पन्द्रहवीं सदी तक दुनिया के देशों के सम्बन्ध में बहुत से भौगोलिक ग्रंथ लिखे। पश्चिमी भाषाओं में विशेष ग्रंथमाला निकाल इन ग्रंथों का अनुवाद कराया गया। हमारे घुमक्कडों को पर्यटन में पूरी सहायता के लिए यह आवश्यक है, कि आदिमकाल से लेकर आज तक भूगोल के जितने महत्वपूर्ण ग्रंथ किसी भाषा में लिखे गए हैं, उनका हिन्दी में अनुवाद कर दिया जाय। ऐसे ग्रंथों की संख्या दो हजार से कम न होगी। हमें आशा है, अगले दस-पन्द्रह सालों में इस दिशा में पूरा कार्य हो जायगा, तब तक के लिए हमारे आज के कितने ही घुमक्कड़ अंग्रेजी से अनभिज्ञ नहीं हैं।

भूगोल-सम्बन्धी ज्ञान के अतिरिक्त हमें गन्तव्य देश के लोगों के बारे में भी पहले से जितनी बातें मालूम हो सकें, जान लेनी चाहिएं। भूमि के बाद जो बात सबसे पहले जानने की है, वह है वहां के लोगों के वंश का परिचय। तिब्बत, मंगोलिया, चीन, जापान, बर्मा आदि के लोगों की आंखों और चेहरे को देखते ही हमें मालूम हो जाता है, कि वह एक विशेष जाति के हैं। लेकिन ऐसी आखें नेपाल में भी मिलती हैं। छोटी नाक, गाल की उठी हड्डी, कुछ अधमुंदी-सी आंखें तथा जरा-सी ऊपर की ओर तनी भौंहें—यह मंगोल वंश के चिन्ह हैं। इसी तरह

मानववंश-शास्त्र द्वारा हमें नीग्रो. द्रविड, हिन्दी यूरोपीय तथा भिन्न-भिन्न मिश्रित वंशों के संबन्ध की बहुत-सी बातें मालूम हो जायंगी। यह आंख, हड्डी, नाक तथा खोपडी की बनावट का ज्ञान आगे फिर उस देश के लोगो का इतिहास जानने मे सहायक होगा। स्मरण रखना चाहिए कि मनुष्य जंगम प्राणी है, वह बराबर घूमता रहा है। मनुष्य-मनुष्य का सम्मिश्रण खूब हुआ है। आज के दोनो मध्य-एसिया और अल्ताई के पच्छिम के भाग मे आज मंगोलीय जाति का निवास दिखाई पडता है, किन्तु २१०० वर्ष पहले वहां उनका पता नहीं था। उस समय वहां वह लोग निवास करते थे, जिनके भाई-बन्द भारत-ईरान मे आर्य और वोल्गा से पच्छिम में शक कहे जाते थे। इसी तरह लदाख के लोग आजकल तिब्बती बोलते है, ईसा की सातवीं सदी मे पहले वहा मंगोल-भिन्न जाति रहती थी, जिसे खश-दरद कहते थे। नृवंश का थोड़ा-बहुत परिचय गंतव्य देश की यात्रा को अधिक सुगम बना देता है।

गंतव्य देश की भाषा का पर्याप्त ज्ञान प्राप्त करके घुमक्कड़ को उस देश में जाना चाहिए, यह नियम अनावश्यक है। यदि घुमक्कड को आवश्यकता हुई और अधिक समय तक रहना पडा, तो वह अपने आप भाषा को सीख लेगा। जहां जो भाषा बोली जाती है, वहा जाकर उसे सीखना दस गुना आसान है। जिन भाषाओ के लिखने की वर्णमालाए हैं, उनका लिखना पढना आसान है। लेकिन चीनी और जापानी की बात दूसरी है। उनकी लिखित भाषा को सीखना बहुत कम घुमक्कडो के बस की बात है, किन्तु चीनी-जापानी भाषा बोलना मुश्किल नही है—चीनी तो और भी आसान है। भाषा सीखकर न जानने पर भी घुमक्कड को गन्तव्य देश की भाषा का थोडा परिचय तो अवश्य होना चाहिए। अति प्रयुक्त दो सौ शब्द यदि सीख लिये जायं, तो उनसे यात्रा मे बडी सहायता होगी। कम-से-कम दो सौ शब्द तो अवश्य ही सीख कर जाना चाहिए। कुछ देशो की भाषाओ के शब्द हमे पुस्तको से मालूम हो सकते हैं। हिन्दी मे तो अभी इस तरफ काम ही नही हुआ है। यदि

भारत फिर प्राचीन काल की तरह प्रथम श्रेणी के घुमक्कड़ों को पैदा करना चाहता है, तो यह आवश्यक है कि हिन्दी मे प्रत्येक देश को सौ-डेढ़सौ पृष्ठ के परिचय ग्रन्थ लिखे जाय, जिनमे नक्शे के साथ दो-चारसौ शब्द भी हों।

नये देश में जो बातें सबसे पहले हमारा ध्यान आकृष्ट करती हैं, उनके बारे मे हम कह चुके। लेकिन देश के ज्ञान के लिए आंखो से देखी जाने वाली बाते ही पर्याप्त नही हैं। हरेक देश और समाज सदियों-सहस्राब्दियों के विकास का परिणाम है। इसलिए वहा के इतिहास के बारे में भी कुछ ज्ञान होना चाहिए। यदि वह ऐसा देश है, जहां की प्रचलित या धार्मिक भाषा का घुमक्कड को परिचय है, तो उसे वहा के इतिहास और ऐतिहासिक सामग्री को विशेष ध्यान से देखना होगा। सुमात्रा, जावा, बाली, मलाया, बर्मा, स्याम और कम्बोज में जाने वाले भारतीय घुमक्कड़ को तो इस तरफ अधिक ध्यान देना बहुत आवश्यक है। इन देशो के लोग भारतीय घुमक्कड से इस विषय में कुछ अधिक आशा रखेगे। ये देश भारतीय सस्कृति के विस्तार-क्षेत्र हैं, इसलिए वहां के लोग अपनी संस्कृति का भारत को उद्गम स्थान मानते हैं, अत. भारतीय से कुछ अधिक ज्ञान प्राप्त करना चाहेंगे। जिस ज्ञान की कमी को किसी यूरोपीय यात्री मे पाकर वह कोई सतोष या आश्चर्य नहीं प्रकट करेंगे, उसी कमी को भारतीय घुमक्कड मे देखकर उन्हे आश्चर्य और ग्लानि भी हो सकती है। इसलिए हमारे घुमक्कड को पहले ही से आवश्यक हथियारो से लैस होकर जाना चाहिए।

इतिहास के निर्माण मे लिखित सामग्री का भी उपयोग होता है। प्रत्येक सभ्य देश मे कितने ही पूर्ण-अपूर्ण इतिहास-ग्रन्थ पुराने काल से लिखे जाते रहे हैं। ऐसे ग्रन्थों का महत्व कम नही है, किन्तु इतिहास की सबसे ठास प्राकृतिक सामग्री समकालीन अभिलेख और सिक्के होते हैं। वैसे ईंटें और मूर्तियां भी महत्व रखती हैं, किन्तु वह काल के बारे मे शताब्दी के भीतर का निश्चय नहीं कर सकतीं, जब कि अभिलेख, सिक्के

अपनी बदलती लिपि के कारण समय का संकेत स्पष्ट कर देते हैं, चाहे उनमें सन्-सवत् न भी लिखा हो। बृहत्तर भारत के देशो में वही लिपि प्रचलित थी, जो उस समय हमारे देश मे चलती थी। जिनको पुरा-लिपि से प्रेम है, उन्हें तो बृहत्तर भारत में जाते समय पुरा-लिपि का थोडा ज्ञान कर लेना चाहिए, और यदि ब्राह्मी-लिपि से जितनी लिपियां निकली हैं, उनका चार्ट पास में मौजूद हो तो और अच्छा है। यह ज्ञान सिर्फ अपने संतोष और जिज्ञासा-पूर्ति के लिए सहायक नहीं होगा, बल्कि इसके कारण वहां के लोगो के साथ हमारे घुमक्कड़ की बहुत आसानी से आत्मीयता हो जायगी।

वास्तु-निर्माण और उसकी ईंट-पत्थर की सामग्री इतिहास के ज्ञान मे सहायक होती है। बृहत्तर भारत मे ईसा की प्रथम शताब्दी से ११ वी शताब्दी तक भारत के भिन्न-भिन्न स्थानो से धर्मोपदेशक, व्यापारी और राजवंशिक जाते रहे तथा उन्होंने वहाँ की वास्तुकला के विकास में भारी भाग लिया था। वास्तुकला का साधारण परिचय तुलना करने के लिए अपेक्षित होगा। बृहत्तर भारत मे जिन लोगो ने पुरातत्व या वास्तुकला के सम्बन्ध मे अनुसंधान किया है, उनको हमारे देश का उतना ज्ञान नहीं रहा कि वह सब चीजो की गहराई में उतर सके, यह हमारे घुमक्कड को ध्यान मे रखना चाहिए।

किसी भी बौद्ध देश मे जाने वाले भारतीय घुमक्कड के लिए आवश्यक है कि वह जाने से पूर्व भारत, बृहत्तर भारत तथा बौद्ध साहित्य और इतिहास का साधारण परिचय कर ले और बौद्ध-धर्म की मोटी-मोटी बातों को समझ ले। कितने ही हमारे भाई उत्साह के साथ बौद्ध-देशों मे जा बुद्ध के प्रति अपनी श्रद्धा—जो सचमुच बनावटी नहीं होती—दिखलाते हुए ईश्वर, परमात्मा, यज्ञ-हवन की बाते कर डालते हैं। उन्हें मालूम नहीं कि इन विवादास्पद बातों के विरुद्ध भारत में बौद्धों की ओर से बहुत-से प्रौढ़ ग्रन्थ लिखे गए, जिनमे से कितने ही बौद्ध देशों में अनुवादित हो मौजूद ही नहीं हैं, बल्कि अब भी वहाँ के विद्वान

उन्हे पढते हैं। तिब्बत का थोडा-सा भी अपने शास्त्र को पढा हुआ विद्वान धर्मकीर्ति के इस श्लोक को जानता है—

"वेदप्रामाण्यं कस्यचित् कर्तृवादः
स्नाने धर्मेच्छा जातिवादावलेपः।
संतापारम्भः पापहानाय चेति
ध्वस्तप्रज्ञानां पंच लिंगानि जाड्ये॥"[1]

किसी विद्वान के सामने यदि कोई भारतीय घुमक्कड अपने को बुद्ध-प्रशंसक ही नहीं बौद्ध कहते हुए इन पाँचो बेवकूफियों मे से किसी एक का समर्थन करने लगे, तो वहाँ का विद्वान अवश्य मुस्करा देगा। बहुत-से हमारे भाई अपनी मनगढन्त धारणा के कारण समझ बैठते है कि बौद्ध भ्रम मे हैं, और उनकी अपनी धारणाएं सही हैं। लेकिन उनको स्मरण रखना चाहिए कि बुद्ध की शिक्षा क्या थी, इसकी जानकारी के सारे साधन बौद्धो के पास हैं, इसकी सारी परम्पराएं उनके पास हैं, और बौद्ध-धर्म को उन्होने जीवित रखा। हमारे यहाँ जब बौद्ध-धर्म के दस-बीस ग्रन्थ भी नहीं बच रहे, उस समय भी चीन और तिब्बत ने हमारे यहा से विलुप्त आठ-दस हजार ग्रन्थों को अनुवाद रूप मे सुरक्षित रखा। इसलिए अपने अधिकार और विचार के रोब जमाने का ख्याल छोडकर यदि घुमक्कड थोडा-सा बौद्ध धर्म के बारे में जानलेने की कोशिश करे, तो उपहासास्पद गलतियाँ करने से बच जायगा, चाहे पीछे वह बौद्ध-दर्शन का खंडन भी करे।

हरेक गन्तव्य देश के संबध में तैयारी भी अलग-अलग तरह

---

१ प्रमाणवार्त्तिक १।३४ (१) वेद को प्रमाण मानना, (२) किसी (ईश्वर) को कर्त्ता कहना, (३) (गंगादि) स्नान से धर्म चाहना, (४) (छोटी-बडी) जाति की बात का अभिमान करना, (५) पाप नष्ट करने के लिए (उपवास आदि) करना—ये पाँच अक्लमारे हुओं की जडता के चिन्ह हैं।

की होगी। यह आवश्यक नहीं है कि एक-एक देश को देखकर घुमक्कड़ फिर भारत लौटकर तैयारी करे। जिसने यहां रहकर २०-२१ वर्ष तक आवश्यक शिक्षा समाप्त कर ली और कालेज के पाठ्यक्रम तथा बाहर से घुमक्कड़ी से संबंध रखने वाले विषयो की पुस्तकों को पढ़ लिया है, यदि वह छ साल लगा दे तो सिंहल, वर्मा, स्याम, मलाया, सुमात्रा, जावा, बाली, कंबोज, चम्पा, तोङ्किन, चीन, जापान कोरिया, मंगोलिया, चीनी तुर्किस्तान और तिब्बत की यात्रा एक बार मे पूर्ण कर भारत लौट आ सकता है, और इतनी बड़ी यात्रा के फल-स्वरूप हमारे देश को ज्ञानपूर्ण ग्रन्थ भी दे सकता है।

उपरोक्त देशों मे जिन साधनों की आवश्यकता है, वही साधन सभी देशों में काम नही आ सकते। रूस और पूर्वी यूरोप की जानकारी के साधनो का सचय तो होना ही चाहिए, साथ ही यदि घुमक्कड़ संस्कृत के भाषा-तत्त्व का ज्ञान रखता है, तो स्लाव-भाषाओ के महत्त्व को ही नही समझ सकता, बल्कि स्लाव जातियो के साथ आत्मीयता का भाव भी पैदा कर सकता है। किसी जाति के इतिहास के जानने से ही आदमी उस जाति को समझ सकता है। जातियों के प्राग्-ऐतिहासिक ज्ञान के लिए भाषा बड़ा महत्व रखती है।

इस्लामी देशो मे घुमक्कड़ी करने वाले तरुणो को इस्लाम के धर्म और इतिहास का परिचय होना चाहिए। साथ ही जहां अधिक रहना हो, वहां की भाषा का भी परिज्ञान होना जरूरी है। पश्चिमी एसिया और मध्य एसिया की मुस्लिम जातियों के साथ अधिक सुभीते से परिचय करने के लिए केवल तीन भाषाओ की आवश्यकता होगी—तुर्की, फारसी और अरबी। संस्कृत जानने वाले के लिए भाषातत्व की कुंजी के साथ फारसी बहुत सुगम हो जाती है।

भाषा-तत्त्व, पुरातत्व आदि बातों पर ध्यान आकृष्ट करने का यह अर्थ नही कि जब तक व्यक्ति इन विषयों पर अधिकार प्राप्त नहीं कर लेता, तब तक वह घुमक्कड़ बनने का अधिकारी नही। घुमक्कड़-

शास्त्र सभी रुचि और क्षमता वाले भावी घुमक्कड़ो के लिए लिखा गया है, इसलिए इसमे अधिक-से-अधिक बातो का समावेश है, जिसका यह अर्थ नहीं कि आदि से इति तक सभी चीजें हरेक को जान कर ही घर से पैर निकालना चाहिए।

## बारह

# मृत्यु-दर्शन

घुमक्कड की दुनिया मे भय का नाम नहीं है, फिर मृत्यु की बात कहना यहां अप्रासंगिक-सा मालूम होगा। तो भी मृत्यु एक रहस्य है, घुमक्कड़ को भी उसके बारे में कुछ अधिक जानने की इच्छा हो सकती है। आखिर घुमक्कड भी मनुष्य है और मनुष्य की निर्बलताए कभी-कभी उसके सामने भी आती हैं। मृत्यु अवश्यम्भावी है—"जातस्य हि ध्रुवो मृत्यु: ।" एक दिन जब मरना ही है, तो यही कहना :—

"गृहित इव केशेषु मृत्युना धर्ममाचरेत् ।"

मृत्यु की अनिवार्यता होने पर भी कभी कभी आदमी को कल्पना होने लगती है—काश! यदि मृत्यु न होती। प्राणियो में, यद्यपि कहा जाता है, सबके ही लिए मृत्यु है, तो भी कुछ प्राणी मृत्युंजय हैं। ऐसे प्राणी अंडज, उष्मज और जरायुजों में नहीं मिलते। मनुष्य का शरीर अरबों छोटे-छोटे सेलों (जीवकोषो) से मिलकर बना है, किन्तु कोई-कोई प्राणी इतने छोटे हैं कि वह केवल एक सेल के होते हैं। ऐसे प्राणियों मे जन्म और वृद्धि होती है, किन्तु जरा और मृत्यु नही होती। आमोयबा एक ऐसा ही प्राणी समुद्र मे रहता है, जो जरा और मृत्यु से परे है, यदि वह अकालिक आघात से बचा रहे। आमोयबा का शरीर बढ़ते-बढते एक सीमा तक पहुंचता है, फिर वह दो शरीरों मे बंट जाता है। दोनों शरीर दो नये आमोयवों के रूप मे बढने लगते हैं। मनुष्य आमोयबा की तरह विभक्त होकर जीवन आरम्भ नहीं कर सकता, क्योंकि वह एक सेल का प्राणी नहीं है। मीठे पानी में एक अस्थिरहित

प्राणी प्लनारियन मिलता है, जो आध इंच से एक इंच तक लम्बा होता है। प्लनारियन मे अस्थि नहीं है। अस्थि की उसी तरह ह्रास-वृद्धि नही हो सकती जैसे कोमल मांस की। जब हम भोजन छोड देते हैं, तब भी अपने शरीर के मांस और चर्बी के बल पर दस-बारह दिन तक हिल-डोल सकते हैं। उस समय हमारा पहले का संचित मांस-चर्बी भोजन का काम देती है। प्लनारियन को जब भोजन नहीं मिलता तो उसका सारा शरीर आवश्यकता के समय के लिए संचित भोजन-भण्डार का काम देता है; आहार न मिलने पर अपने शरीर के भीतर से वह खर्च करने लगता है। उसके शरीर में हड्डी की तरह का कोई स्थायी ढाँचा नही है, जो अपने को गलाकर न आहार का काम दे, और उलटे जिसके लिए और भी अलग आहार की आवश्यकता हो। प्लनारियन आहार न मिलने के कारण अपने शरीर को खर्च करते हुए छोटा भी होने लगता है, छोटा होने के साथ-साथ उसका खर्च भी कम होता जाता है। इस तरह वह तब तक मृत्यु से पराजित नही हो जाता, जब तक कि महीनो के उपवास के बाद उसका शरीर उतना छोटा नही हो जाता, जितना कि वह अंडे से निकलते वक्त था। साथ ही उस जन्तु मे एक और विचित्रता है—आकार के छोटे होने के साथ वह अपनी तरुणाई से बाल्य की ओर—चेष्टा और स्फूर्ति दोनो मे— लौटने लगता है। उपवास द्वारा खोई तरुणाई को पाने के लिए कितने ही लोग लालायित देख पडते हैं और इस लालसा के कारण वह बच्चों की-सी बातो पर विश्वास करने के लिए तैयार हो जाते हैं। मनुष्य मे प्लनारियन की तरह उपवास द्वारा तरुणाई पाने की क्षमता नहीं है। विद्वानो ने उपवास-चिकित्सा कराके बहुत बार प्लनारियन को बाल्य और प्रौढावस्था के बीच मे घुमाया है। जितने समय मे आयु के क्षय होने से दूसरों की उन्नीस पीढ़ियाँ गुजर गईं, उतने समय मे एक प्लनारियन उपवास द्वारा बाल्य और तरुणाई के बीच घूमता रहा। शायद बाहरी बाधाओं से रक्षा की जाय तो उन्नीस क्या उन्नीस सौ पीढियों तक प्लनारियन को उपवास द्वारा

जरा और मृत्यु से रक्षित रखा जा सकता है। मनुष्य का यह भारी-भरकम स्थायी हड्डियों और अस्थायी मांस वाला शरीर ऐसा बना हुआ है कि उसे जराहीन नहीं बनाया जा सकता, इसीलिए मानव मृत्युंजय नहीं हो सकता।

मृत्युंजय की कल्पना गलत है, किन्तु सवासौ-डेढसौ साल जीने वाले आदमी तो हमारे यहाँ भी देखे जाते हैं। बहुत-से प्रौढ या वृद्ध जरूर चाहेंगे कि अच्छा होता, यदि हमारी आयु डेढसौ साल की ही हो जाती। वह नहीं समझते कि डेढसौ साल की आयु एकाध आदमी की होती तो दूसरी बात थी, किन्तु सारे देश मे इतनी आयु होनी देश के लिए तो भारी आफत है। डेढ़सौ साल की आयु का मतलब है आठ पीढ़ियों तक जीवित रहना। अभी तक हमारे देश की औसत आयु तीस बरस या डेढ़ पीढ़ी है, और हर साल पचास लाख मुंह हमारे देश में बढ़ते जा रहे हैं। यदि लोग आठ पीढी तक जीते रहे, तब तो दो पीढ़ी के भीतर ही हमारे मैदानों और पहाड़ों में सभी जगह घर ही घर बन जाने पर भी लोगों के रहने के लिए जगह नहीं रह जायगी, खाने-कमाने की भूमि की तो बात ही अलग।

यदि इतनी पीढ़ियां इकट्ठी हो जायंगी, तो अगली पीढ़ी के लिए जीना दूभर हो जायगा। हम बीस बरस के तरुण-तरुणी को अपने चालीस साल के माता-पिता के साथ मुश्किल से निभते देखते हैं, दोनों के स्वभाव और रुचि में अन्तर मालूम होता है। चालीस वाले माता-पिता अपनी तरुण सन्तान की बेसमझी और उतावलेपन की शिकायत करते हैं, और तरुण उन्हें समय से पिछड़ा मानते हैं। साठ बरस के दादा-दादी की तो बात ही मत पूछिए। पहली और तीसरी पीढ़ी का भारी अन्तर बहुत स्पष्ट दिखलाई पड़ता है और वह इसीलिए एक साथ गुजर कर लेते हैं कि साथ अधिक दिन का नहीं होता। तीसरी पीढ़ी में जो भारी परिवर्तन देखा जाता है, उसे आठवीं पीढी से मिलाने पर पता लग जायगा कि मनुष्य की ऐसी चिरजीविता अच्छी नहीं है। चौथी पीढ़ी को देखने के लिए

बहुत कम बूढ़े-बूढ़ियाँ जीवित रहते हैं। तीसरी पीढ़ी को भी संसार संभाले बहुत कम देख पाते हैं। एक वृद्ध को मैं जानता था, वह संस्कृत के धुरंधर विद्वान और ब्राह्मणों के खटकर्म तथा छूआछूत के पक्षपाती थे। उन्होंने अपने पुत्र को भी संस्कृत पढाया और अपनी सारी बातें सिखलाईं, किन्तु बाजार-भाव अच्छा होने के कारण अंग्रेजी भी पढाई। अब वह एक बड़े कालेज मे अध्यापक है। उनके पिता अब नही हैं, लेकिन यदि परलोक के झरोखे से वह कभी अपने पुत्र की रसोई की ओर झांकें, जहां हिरण्यगर्भ (जिसके भीतर हिरण्य अर्थात् पीला पदार्थ है—अण्डा) की अनन्य उपासना हो रही है तो क्या समझेंगे? और अभी तो यह पण्डितजी की दूसरी पीढ़ी है। तीसरी पीढ़ी का चार-पांच बरस का बच्चा हिरण्यगर्भ की उपासना के वातावरण मे पैदा हुआ है, वह कहां तक जायगा, इसको कौन कह सकता है? एक दूसरे मेरे सौभाग्यशाली वृद्ध मित्र हैं, जिन्होंने पुत्रों की चार पीढियां देख ली हैं, पुत्रियों की शायद पांच पीढ़ी भी हो गई हों। अस्सी बरस के ऊपर हैं। खैरियत यही है कि पैंतीस साल से उन्होंने सन्यास ले रखा है और घर पर कभी-ही-कभी जाते है। जब जाते है तो उनके वीतराग हृदय में कुफ्त हुए बिना नहीं रहती। वह गांधी युग के पहले से ही हर चीज में सादगी को पसंद करते थे और धर्मभीरुता के लिए तो कहना ही क्या? कोई जीविकावृत्ति की आशा न होने पर भी उन्होंने अपने एक पुत्र को संस्कृत पढाया। लेकिन पुत्र के पुत्रों के बारे में मत पूछिए। आजकल के युग के अनुसार पौत्र बडे सुशील और सदाचारी हैं, किन्तु दादा की दृष्टि से देखें तो उन्हे यही कहना पड़ता है—भगवान्! और अब यह सब अधिक न दिखलाओ। उनके घर मे साबुन का खर्च बढ गया है, तेल-फुलेल का तो होना ही चाहिए; चप्पल और जूते की भी महिलाओं को अत्यन्त आवश्यकता है। और तीसरी पीढ़ी के साहबजादों का चाय के बिना काम नहीं चलता। चाय भी पूरे सेट में होनी चाहिए और ट्रे में रखकर आनी चाहिए। वृद्ध मित्र कह रहे थे—"यह सब फजूलखर्ची

है, लेकिन इन्हे समझावे कौन?", और पौत्र कह रहा था—"रहने दीजिये आपके युग का भी हमे ज्ञान है, जब एक या दो साड़ी मे स्त्रियां जिन्दगी बिताती थी। आज हमारी किसी स्त्री के ट्रंक को खोलकर देख लीजिए, बहुत अच्छी किस्म की आठ-आठ दस-दस साड़ियों से कम किसीके पास नहीं है।" वृद्ध की सूखी हड्डियां यह कहते हुए कुछ और गर्म हो उठी—"यह तो और फजूलखर्ची है।" तीसरी पीढी ने कहा—"जो आपकी पीढी के लिए फजूलखर्ची थी, वह हमारे लिए आवश्यक है। आप की न जाने कई दर्जन पीढियों ने मांस का नाम सुनकर भी राम-राम कहा होगा और हमारी चाय ही ठीक नहीं जमती, यदि हिरण्यगर्भ भगवान् तश्तरी मे न पधारे।" वृद्ध दादा के लिए अब बात सुनने की सीमा से बाहर हो रही थी। उनके हटते ही मैं भी साथ देने चला गया। उनके हार्दिक खेद की बात क्या पूछते है! मैंने उनसे कहा—"आप भी जब पिछली शताब्दी के अन्त मे आर्यसमाजी बने, तो सभी गांव के लोगो ने नास्तिक कहना शुरू किया था। यदि छूआछूत को हटा दिये होते तो निश्चय ही जात मे ब्याह-शादी हुक्का-पानी सब बन्द हो गया होता। आपने जो उस समय किया था, वही उस समय के लिए भारी क्रांति थी। आपने पत्नी को भी जनेऊ दिलवाया, दोनों बैठकर हवन-संध्या करते थे, लेकिन इसे भी उस समय के सनातनी अच्छी दृष्टि से नही देखते थे। जाने दीजिए, जो जिसका जमाना है वही उसकी जवाबदेही को संभाले।"

स्त्रियो की बात लीजिए। मैं मेरठ की स्त्रियों के बारे में कहूँगा, जिनका मुझे तीस बरस का ज्ञान है—तेईस-चौबीस बरस का तो बिलकुल प्रत्यक्ष ज्ञान। वर्त्तमान शताब्दी का जब पट फटा, तो मेरठ के मध्यम वर्ग मे एक विचित्र प्रकार की खलबली मची हुई थी। कितने ही साक्षर और शिक्षित पुरुषो ने ऋषि दयानन्द की पाखण्ड-खण्डनी ध्वजा हाथ में उठाई थी। सनातनी पडितों ने व्यवस्था दी थी—

"स्त्री शूद्रौ नाधीयेताम्" अर्थात् स्त्रियो और शूद्रों को विद्या नहीं

पढानी चाहिए। स्वामी दयानन्द ने इसे पोप-लीला कहा था। पाखण्ड-खण्डनी वाले भक्तों ने स्त्रियों को पढाने का बीडा उठाया था। बीडा घर से ही आरम्भ हो सकता था। उस पीढी का आग्रह आज की दृष्टि से कुछ भी नही था। वे स्त्रियो को अंग्रेजी पढाने के विरोधी थे, और चाहते थे कि उन्हें सध्या-गायत्री करने तथा चिट्ठी-पत्री लिखने-भर को आर्यभाषा ( हिन्दी ) आ जानी चाहिए। परम लक्ष्य इतना ही था, कि हो सके तो गृहकार्य मे निपुण होने के बाद स्त्रिया वेद-शास्त्र की बातें भी कुछ जान ले। पहली पीढी की, जो प्रथम विश्व-युद्ध के समय तैयार हुई थी, आर्य-ललनाओ ने अपने नवशिक्षित तरुण पतियो के संसर्ग से कुछ और भी आगे पढना पसन्द किया, उनकी लडकियो में कोई-कोई कालेज तक पहुँच गईं। इन लडकियो ने गांधीजी के दो युद्धो मे भी भाग लिया और आंगन से ही बाहर नहीं जेलो की भी हवा खा आईं। आज आर्य ललनाओं की तीसरी पीढ़ी तैयार है और उनमे से बहुतेरी यूरोपीय ललनाओं से एक तल पर मुकाबला कर सकती हैं—अन्तर होगा तो केवल रंग और साडी का। आर्य ललनाओ की सासे यदि अब तक जीवित रहती, तो जरूर उन्हे आत्म-हत्या करनी पडती। बूढी आर्य ललनाएं कहीं एकाध बच पाई हैं, उनकी अवस्था हमारे मित्र वृद्ध स्वामी जी से कम दयनीय नही हैं। और अब तो जब कि वर्त्तमान पीढी के तरुण-तरुणी ब्याह-शादी में वृद्धों के दखल को असह्य मानते, जात-पांत और दूसरी बातों का ख्याल ताक पर रखके मनमानी कर रहे हैं, तो आर्य ललनाओ की अवस्था क्या होगी इसे कहने की आवश्यता नहीं। हम समझते हैं कम-से-कम और नही तो इन पुरानी पीढ़ियो को भयंकर सासत से बचाने के लिए ही मृत्यु को न आने पर बुलाकर लाने की जरूरत पडेगी।

वस्तुतः प्रथम श्रेणी का घुमक्कड वृद्धो के सठियाने का पक्षपाती नही हो सकता। वह यही कहेगा कि इन फोसीलो का स्थान जीवित मानव-समाज नही, बल्कि म्यूजियम है। यदि फोसीलों का युग

होता तो घुमक्कड़-शास्त्र लिखने वाले के ऊपर क्या बीतती, इसे कहने की आवश्यकता नहीं। इन पंक्तियों का लेखक वृद्धों का शत्रु नहीं हितैषी है। उनके हित पर विचार करके ही वह समझता है कि समय बीत जाने के बाद उस चीज के लिए यही अच्छा है कि लोगों की दृष्टि से ओझल हो जाय।

मृत्यु को नाहक ही भय की वस्तु समझा जाता है। यदि जीवन में कोई अप्रिय वस्तु है तो वह वस्तुतः मृत्यु नहीं है, मृत्यु का भय है। मृत्यु के हो जाने के बाद तो वह कोई विचारने की बात ही नहीं। मृत्यु जिस वक्त आती है, आम तौर से देखा जाता है कि मूर्च्छा उससे कुछ पहले ही पहुँच जाती है, और मनुष्य मृत्यु के डरावने रूप को देख ही नहीं पाता; फिर भय और अप्रिय घटना का सवाल ही क्या हो सकता है? मृत्यु अपने रूप में तो कहीं कोई अप्रियता नहीं लाती। मृत्यु को दरअसल जिस तरह साधारण बातचीत में हम अप्रिय समझते हैं, वह ऐसी अप्रिय नहीं है। कितनी बार साधारण आदमी भी जीवन छोड़ मृत्यु को पसन्द करता है। कोई अपने सम्मान के लिए मृत्यु का आलिंगन करता है, कोई देश-समाज के लिए मृत्यु को स्वीकार करता है। खुदीराम बोस ने जब पहले-पहल देश की स्वतन्त्रता के लिए तरुणों को सर्वस्व उत्सर्ग का रास्ता दिखलाते हुए मृत्यु को चुना, तो क्या आखिरी घड़ी तक कभी उस तरुण के हृदय में अफसोस या ग्लानि हुई? खुदीराम के बाद सैकड़ों तरुणों ने उसी पथ का अनुसरण किया। भगतसिंह के लिए क्या मृत्यु कोई चीज थी? खुदीराम और उनके नजदीकी वीरों को यह विश्वास करके भी सान्त्वना हो सकती थी, कि वह गीता के अनुसार मरकर फिर जन्म लेंगे और फिर देश के लिए बलिदान होंगे; लेकिन भगतसिंह को तो ऐसा कोई विश्वास नहीं था। द्वितीय विश्व-युद्ध में रूस के लाखों तरुण-तरुणियों ने मृत्यु से परिहास किया। इससे साबित हो जाता है कि मृत्यु वैसी भयंकर चीज नहीं है, जैसा कि लोग समझते हैं।

घुमक्कड़ तरुण तो इन लाखों पुरुषों में सबसे निर्भीक व्यक्तियों की श्रेणी में है, उसको क्यों मृत्यु की चिन्ता होने लगी ?

मृत्यु के साथ ही आदमी को कीर्ति का ख्याल आता है। जीवित अवस्था की कीर्ति को—जो मरने के बाद भी जीवित रहती है—कितने ही तो कीर्ति-कलेवर कहते हैं; अर्थात इसी भौतिक शरीर का वह आगे बढ़ा हुआ शरीर कीर्ति के रूप में है। कीर्ति का ख्याल बुरा नहीं है, क्योंकि इससे आदमी वैयक्तिक स्वार्थ से ऊपर उठता है, वह अपने वर्त्तमान के लाभ को तिलाजंलि देता है। यह सब कुछ कीर्ति-लोभ के लिए करता है। कीर्ति-लाभ मनुष्य को बहुत-से सुकर्मों के लिए प्रेरित करता है। कई शताब्दियों तक खड़े रहने वाले अजन्ता, एलोरा, भाजा और कार्ले के गुहाप्रासाद, यद्यपि आज लोगो के रहने के काम नहीं आते, लेकिन शताब्दियों तक वह निवास-गृह की तरह इस्तेमाल होते रहे। यह लाभ कई पीढ़ियों को उनके निर्माताओं की कीर्ति लिप्सा के कारण ही हो पाया। जब हम कला, वास्तुशास्त्र और सांस्कृतिक दृष्टिकोण से देखते हैं, तब तो कीर्ति लोभ का महत्व और अधिक जान पड़ता है। यद्यपि कितनी ही अचल कीर्तियों के बारे में नाम अमर होने की बात भ्रम सिद्ध होती है, जब कि हम कर्त्ता का नाम तक नहीं जानते। भारतवर्ष के कितने ही स्तम्भों, स्तूपों और गुहा-प्रासादों की यही बात है। सभी पर अशोक के शिला-स्तम्भों की भांति अभिलेख नहीं हैं, और कितनों को हम कल्पना से नाम देना चाहते हैं। हम साधारण आदमियों के इस भ्रम को हटाना नहीं चाहते, कि ऐसे काम ने उनका नाम अमर होगा। सन्तान के द्वारा अमर होने की धारणा लोगों के हृदयों में कितनी बद्धमूल है, जबकि यह सभी देखते हैं कि अपने परदादा का नाम विरले ही लोग जानते हैं।

पाषाण और धातु की बनी कीर्तियों से अमर होने की इच्छा सभी देशों में बहुत पुरानी है। अब भी वह धारणा उसी तरह चली आती है। हमारे कितने ही सेठ अजन्ता, एलोरा, भुवनेश्वर और कोना-

एक की अचल कीर्तियो को देख अपना नाम अमर करने की इच्छा से कितने ही सीमेंट, और ईंट के तड़क-भड़क वाले मन्दिर बनवाते हैं। कितने अपनी पुस्तको के छप जाने से समझते हैं कि वह अश्वघोष और कालिदास हैं। आज की पुस्तक जिस कागज पर छपती है, वह इतना भंगुर है कि पुस्तक सौ बरस भी नही चल सकती। छापाखानो ने पुस्तको का छपना जितना आसान कर दिया है, उसके कारण प्रतिवर्ष हजारो नई पुस्तकें छप रहा हैं, जिनकी संख्या शिक्षा-प्रचार के साथ प्रति शताब्दी लाखो हो जायगी। हजार वर्ष बाद इन पुस्तको की रक्षा के लिए जितने घरों की आवश्यकता होगी, उनका बनाना सम्भव नही होगा। सच तो यह है कि हरएक पीढी का अगली पीढी पर अपनी अमरता को लादना उसी तरह की अबुद्धिपूर्वक भावना है, जैसी हमारे दस पीढियो की पूर्वजो की यह आशा—कि हम उनके सारे नामो को याद रखेंगे—जो कि कुछ सम्भव भी है, यद्यपि बेकार है।

आज बीसवी शताब्दी आधी बीत रही है, क्या आप आशा रखते हैं कि इन पचास वर्षों मे जितने पुरुषो ने भिन्न भिन्न क्षेत्रो मे महत्वपूर्ण कार्य किया है, उनमें से दस भी ६६४६ ईसवी मे अमर रहेंगे। गांधीजी, रवीन्द्र और रामानुजम् का नाम रह जायगा, बाकी में यदि दो-तीन और आ जायँ तो बहुत समझिए, लेकिन उनका नाम हम आप बतला नहीं सकते। इतिहास का फैसला आँखो के सामने नहीं होता। वह उस समय होता है जबकि कोई सिफारिश नहीं पहुंचाई जा सकती। कभी-कभी तो फैसला बडा निष्ठुर होता है। संस्कृत के महान् कवियो और विचारको मे जो हमारे सामने मौजूद हैं, क्या उनसे बेहतर या उनके जैसे और नही रहे, गुणाढ्य की बृहत्कथा क्यो लुप्त हो गई? क्या उसके संस्कृत अनुवादों को देखने से पता नही लगता, कि वह बडी उत्कृष्ट कृति रही होगी। बहुतो की महाकीर्तियाँ तो वर्ग-पक्षपात के कारण मिट गईं। क्या हमारे प्राचीन कवियो और लेखको मे सभी सामन्तो के गुण गानेवाले ही रहे होंगे? हजार मे दस-पाँच ने अवश्य

उनके दोषों को भी दिखलाया होगा और साधारण जनता के हित को सामने रखा होगा, लेकिन सामन्ती संरक्षकों ने ऐसी कृतियों को अपने पुस्तकालयों में रहने नहीं दिया, उनके अनुचर विद्वानों ने भी प्रश्रय नहीं दिया। आज हम युगपरिवर्तन के सन्धिकाल में हैं। पिछली शताब्दी और वर्त्तमान के चौदह सालों में रूस में जिन्हें महाप्रतापी समझा जाता था, उनमें बहुत से हमारे सामने मर गए। चीन का इतिहास भी उसी तरह फिर से लिखा जा रहा है, जिसमें अमर चाङ्कैशक की क्या गत होगी, यह आप स्वयं समझ सकते हैं। भारत में भी कितने ही अमर होने के इच्छुक बहुत जल्द भुला दिये जायगे। कितनों के मुँह के ऊपर इतिहास इतना काला पुचारा फेरेगा, जिससे उनका मर जाना ही अच्छा होता।

घुमक्कड वीरों को वस्तुतः न अमरता का लोभ होना चाहिए, न हजारों बरस तक लम्बे कीर्ति-कलेवर की लिप्सा ही। इसका यह अर्थ नहीं कि उन्हें अकीर्ति की लिप्सा होनी चाहिए। उन्हें जनहित का कार्य करना है, समाज और विश्व को आगे ले चलना है। यदि इन कामों में उनकी कुछ भी शक्ति सफल रही, तो वह अपने को कृतकृत्य समझेंगे। जिस तरह सरोवर में ढला फेंकने पर लहर उठती है, फिर वह एक लहर से दूसरी लहर को उठाती स्वयं विलीन हो जातीहैं, किन्तु लहरों का सिलसिला आगे बढता जाता है, इसी तरह घुमक्कड मानव-हित के लिए लहर उठाता है, जो अपने अन्तर्धान होने से पहले यदि दूसरी लहर उठा देती है, तो उसे उसकी सफलता कहनी चाहिए। कोई-कोई आरम्भिक लहरें अधिक शक्तिशाली होती हैं और कोई कम शक्ति-शाली। आदमी के कृतित्व का मूल उसकी उठाई लहरों की शक्तिशालिता है। निर्माण का विचार सबसे सुन्दर है। बिना अपने कलेवर को आगे बढ़ाये, अपने जीवित समय में विश्व को कुछ देना फिर सदा के लिए शून्य में विलीन हो जाना, यह कल्पना कितनों के लिए अनाकर्षक मालूम होगी। किन्तु कितने ही ऐसे भी विचारशील हो सकते हैं जो

अपना काम करने के बाद बालू के पदचिन्ह की भाँति विलीन हो जाने के विचार से भयभीत नही, बल्कि प्रसन्न होंगे। आखिर काल पाँच दस हजार बरस की अवधि नही रखता। यह हमारी घडी के सेकेन्ड की सुई एक मिनट मे अपना एक चक्कर पूरा करती है, एक जीवन के साठ बरसों मे कितनी बार वह चक्कर काटेगी? काल की घडी की सुई तो कभी थम नही सकती। सेकन्ड मिलकर मिनट, मिनट मिलकर घंटा, फिर दिन, मास, वर्ष, शताब्दी, सहस्राब्दी, लक्षाब्दी, कोट्याब्दी, अरबाब्दी होती चली जायगी। आज के सेकन्ड से अरबाब्दी तक यह काल अविच्छिन्न प्रवाह सा चलता चला जायगा। अमरत्व के भूखो को यदि इन सहस्राब्दियो मे दौड़ने को छोड़ दिया जाय, तो किसी की कल्पना भी दस हजार बरस तक भी उसे अमरत्व नही दिला सकती, फिर अनवधिकाल मे सदा अमर होने की कल्पना साहस मात्र है। अन्त मे तो किसी अवधि मे जाकर बालू पर का चरणचिन्ह बनना ही पडेगा। जब इस पृथ्वी पर जीवन का चिन्ह नहीं रह जायगा, तो अमरकीर्ति की क्या बात हो सकती है?

घुमक्कड मृत्यु से नहीं डरता। घुमक्कड़ सुकृत करना चाहता है, लेकिन किसी लोभ के वश मे पडकर नहीं। उसने यहाँ जन्म लिया है, उसका स्वभाव मज़बूर करता है, कि अपने आसपास को शक्ति-भर स्वच्छ और प्रसन्न रखे। वह केवल कर्त्तव्य और आत्म-तुष्टि के लिए महान् से-महान् उत्सर्ग करने के लिए तैयार होता है। बस, यही होना चाहिए घुमक्कड-परिवार का महान् उद्देश्य।

तेरह

# लेखनी और तूलिका

मानव-मस्तिष्क मे जितनी बौद्धिक क्षमतायें होती है, उनके बारे मे कितने ही लोग समझते हैं कि "ध्यानावस्थित तद्गत मन" से वह खुल जाती हैं। किन्तु बात ऐसी नही है। मनुष्य के मन में जितनी कल्पनायें उठती हैं, यदि बाहरी दुनिया से कोई सम्बन्ध न हो, तो वह बिलकुल नहीं उठ सकतीं; वैसे ही जैसे कि फिल्म-भरा कैमरा शटर खोले बिना कुछ नही कर सकता। जो आदमी अंधा और बहरा है, व गूंगा भी होता है। यदि वह बचपन से ही अपनी ज्ञानेन्द्रियो को खो चुका है, तो उसके मस्तिष्क की सारी क्षमता धरी रह जाती है, और वह जीवन-भर काठ का उल्लू बना रहता है। बाहरी दुनिया के दर्शन और मनन से मन की क्षमता को प्रेरणा मिलती है। क्षमता का भी महत्त्व है, यह मैं मानता हूँ, किन्तु निरपेक्ष नहीं। हमारे महान् कवियों मे अश्वघोष तो घुमक्कड थे ही। वह साकेत (अयोध्या) मे पैदा हुए, पाटलिपुत्र उनका विद्याक्षेत्र रहा और अंत मे उन्होंने पुरुषपुर (पेशावर) को अपना कार्यक्षेत्र बनाया। कविकुलगुरु कालिदास भी बहुत घूमे हुए थे। भारत से बाहर चाहे वह न गये हो, किन्तु भारत के भीतर तो अवश्य वह बहुत दूर तक पर्यटन किये हुए थे। हिमालय को "उत्तर दिशा में देवात्मा नगाधिराज" उन्होंने किसीसे सुनकर नहीं कहा। हिमालय को उनकी आँखों ने देखा था, इसीलिए उसकी महिमा को वह समझ पाए थे। "अमुं पुरः पश्यसि देवदारुं पुत्रीकृतोऽसौ वृषभध्वजेन" मे उन्होंने देवदार को शंकर का पुत्र मानकर दुनिया के उस सुन्दरतम वृक्ष की श्री की परख की। श्वेत हिमाच्छादित हिमालय और सदाहरित तुंग-शीर्ष देवदार प्राकृतिक सौंदर्य के मानदंड हैं, जिनको कालिदास

घर में बैठे नहीं जान सकते थे। रघु की दिग्विजय-यात्रा के वर्णन मे कालिदास ने जिन देशो के नाम दिये हैं, उनमे से कितने ही कालिदास के देखे हुए थे, और जो देखे नहीं थे, उनका उन्होने किसी तरह अच्छा परिज्ञान प्राप्त किया था। कालिदास की काव्य-प्रतिभा मे उनके देशाटन का कम महत्व नहीं रहा होगा। बाण—जिसके बारे मे कहा गया "बाणोच्छिष्टं जगत् सर्वं" और जिसकी कादम्बरी की समकक्षता आज तक किसी ग्रंथ ने नही की—तो पूरा घुमक्कड़ था। कितने ही सालो तक नाना प्रकार के तीन दर्जन से अधिक कलाविदों को लिये ५९ भारत की परिक्रमा करता रहा। दंडी का अपने दशकुमारो की यात्राओ का वर्णन भी यही बतलाता है, कि चाहे वह कांची मे पल्लव-राज-सभा के रत्न रहे हो, किन्तु उन्होंने सारे भारत को देखा था। इस तरह और भी संस्कृत के कितने ही चोटी के कवियो के बारे में कहा जा सकता है। दार्शनिक तो अपने विद्यार्थी जीवन में भारत की प्रदक्षिणा करके रहते थे, और उनमे कोई-कोई कुमारजीव, गुणवर्मा आदि की तरह देश-देशांतरों का चक्कर लगाते थे।

पुरानी बातें शायद भूल गई हों, इसलिए अपने वर्तमान युग के महान् कवि को देख लीजिए। कवीन्द्र रवीन्द्र को केवल काव्यकर्त्ता, उपन्यासकार और नाट्य-रचयिता के रूप मे ही हम नहीं पाते। उन्होंने भारत की सांस्कृतिक और बौद्धिक देन का बहुत अच्छा मूल्यांकन किया था। पश्चिम की चकाचौंध से उनके पैर जमीन से नहीं उखडे और न हमारे देश की रूढ़िवादिता ने उनको अकर्मण्य बनाने मे सफलता पाई। भावी भारत के लिए कितनी ही बातों का कवीन्द्र ने मानदण्ड स्थापित किया। शांतिनिकेतन मे उस समय जो वातावरण उन्होने तैयार किया था, वह समय से कुछ आगे अवश्य था, किन्तु हमारी सांस्कृतिक धारा से अविच्छिन्न था। उसके महत्व को हम अब समझ सकते हैं, जबकि दिल्ली राजधानी मे तितलों और तितलियो का तूफान देखते हैं। कवीन्द्र ने साहित्यिकक्षेत्र में सारे भारत को स्थायी

प्रेरणा दी, जो चिरस्मरणीय रहेगी। लेकिन उनका महान् कार्य इतने ही तक सीमित न था। उन्होंने चित्रकला, मूर्त्तिकला, गीत, नृत्य, वाद्य, अभिनय को न भुला उन्हें भी उचित स्थान पर बैठाया। उनके पास साधन कम थे। संस्थाएं केवल उच्चादर्श के बल पर ही आगे नही बढ़ सकतीं, यद्यपि वह उनकी सफलता के लिए अत्यंत आवश्यक है। तो भी कवीन्द्र जो भी साधन जुटा पाते थे, जो भी धन भारत या बाहर से एकत्रित कर पाते थे, उनसे वह नवीन भारत के सर्वांगीन निर्माण की योजना तैयार करने की कोशिश करते थे। शांतिनिकेतन मे भारतीय-विद्या, भारतीय संस्कृति और भारतीय तत्वज्ञान के अध्ययन को भी वह भूले नहीं। बृहत्तर भारत पर तो शांतिनिकेतन मे जितनी अच्छी और प्रचुर परिमाण मे पुस्तके हैं, वैसी भारत मे अन्यत्र कम मिलेंगी। लेकिन रवीन्द्र यह भी जानते थे कि केवल साहित्य, संगीत और कला से भूखे-नगे भारत को भोजन-वस्त्र नहीं दिया जा सकता। उन्होंने कृषि और उद्योग-धंधे के विकास की शिक्षा के लिए श्रीनिकेतन स्थापित किया। यह सब काम रवीन्द्र ने तब आरंभ किया, जबकि भारत के कितने ही बुद्धि-विद्या के ठेकेदार मजे से अंग्रेजो के कृपापात्र रहते, जीवन का आनन्द लेते ऐसी कल्पनाओं को व्यर्थ का स्वप्न समझते थे। आश्चर्य तो यह है कि आज हमारे कितने ही राष्ट्रीय नेता अंग्रेजो के इन पिट्ठुओं का स्मारक स्थापित करके कृतज्ञता प्रकट करना चाहते हैं। उसी प्रयाग मे चंद्रशेखर आजाद के नहीं, सप्रू के स्मारक की अपील निकाली जा रही है।

रवीन्द्र हमारे देश के महान् कवि ही नहीं थे, बल्कि उन्होंने युग, प्रवर्तन मे क्रियात्मक भाग लिया। रवीन्द्र की प्रतिभा इतने व्यापक क्षेत्र में कभी सचेष्ट न होती, यदि उन्होंने आंशिक रूप मे घुमक्कड़ी पथ स्वीकार न किया होता। उनकी कृतियों में देश-दर्शन ने कितनी सहायता की, इसे आंकना मुश्किल है, किन्तु रवीन्द्र ने विशाल विश्व को आत्मीय के तौर पर देखा था। किसीको देखकर कहीं उन्हे चका-

चौंध नहीं आयी, न किसीको हीन देखकर अवहेलना का भाव आया। यहाँ अवश्य रवीन्द्र का विशाल भ्रमण सहायक हुआ। रवीन्द्र की लेखनी में घुमक्कड़ी ने सहायता की, इसे हमें मानना पडेगा। और उसीने उन्हें अपनी महती संस्था को विश्वभारती बनाने की प्रेरणा दी।

सुन्दर काव्य, महाकाव्य की रचना में घुमक्कड़ी से बहुत प्रेरणा मिल सकती है। उसमे ऐसे पात्र और घटनाएं मिल सकती हैं, जिन पर हमारे घुमक्कड कवि महाकाव्य रच सकते हैं। चौथी शताब्दी का अंत था, जबकि महाकवि कालिदास, चंद्रगुप्त विक्रमादित्य के शासन मे अपनी प्रतिभा का चमत्कार दिखा रहे थे। उसी समय काश्मीर के एक विद्वान भिक्षु सुन्दरियों की खान तुषार (चीना तुर्किस्तान के उत्तरी भाग) देश की नगरी कूचान (कूचा) में राजा-प्रजा से सम्मानित हो विहार कर रहे थे। काश्मीर उस समय और भी अधिक सौंदर्य का धनी था, और कूचान मे तो मानो मानवियां नहो अप्सरायें रहा करती थीं—सभी महाश्वेताएं, सभी नीलाक्षियां, सभी पिंगल केशाए और सभी अपने आनन से चन्द्र को लजाने वाली। काश्मीरी भिक्षु ने त्रैलोक्य-सुन्दरी राजकुमारी को अपना हृदय दे डाला। कूचान मे मुक्त वातावरण था; लोग बुद्ध-धर्म मे भी अपार श्रद्धा रखते, और जीवनरस के आस्वादन में भी पीछे नहीं रहना चाहते थे। दोनों के प्रणय का परिणाम एक सुन्दर बालक हुआ, जिसे दुनिया कुमारजीव के नाम से जानती है। कुमारजीव ने पितृभूमि काश्मीर मे रहकर शास्त्रो का अध्ययन किया, फिर मातुल-राजधानी मे अपने विद्या के प्रताप से सत्कृत और पूजित हुए। उनकी कीर्ति चीन तक पहुँची। सम्राट के मांगने पर इन्कार करने के कारण चीनी सेना ने आक्रमण किया, और अन्त में कुमारजीव को साथ ले गई। ४०१ ई० से ४१२ ई० के बारह सालो में चीन में रहकर कुमारजीव ने बहुत से संस्कृत ग्रन्थों का चीनी भाषा में अनुवाद किया, जिनमें बहुत से संस्कृत में लुप्त हो आज भी चीनी में मौजूद हैं। कुमारजीव अपनी

साहित्यिक भाषा के लिए चीन के साहित्यकारो मे सर्वप्रथम स्थान रखते है। कुमारजीव की जीवनी यहाँ लिखना अभिप्रेत नही है, बल्कि हमे यह दिखलाना है कि एक कवि प्रतिभा कुमारजीव को लेकर सभी रसो से पूर्ण और भारत और बृहत्तर भारत की महिमा से ओत-प्रोत एक महाकाव्य लिख सकती है। महान् घुमक्कड गुणवर्मा ( ४३१ ई० ) भी एक महाकाव्य के नायक हो सकते है। कम्बोज मे जाकर भारतीय सस्कृति और वैदिक धर्म की ध्वजा फहराने वाले माथुर दिवाकर भट्ट का जीवन भी किसी कवि को एक महाकाव्य लिखने की प्रेरणा दे सकता है। इसलिए यह अत्युक्ति नही होगी, यदि हम कहे कि घुमक्कड़ की चर्या सरस्वती के आवाहन में भारी सहायक हो सकती है।

हमारा घुमक्कड़ जावा के महाद्वीप मे अब भी बच रही अपनी अनेको सांस्कृतिक निधियों से प्रेरणा लेकर बरोबुदुर पर एक सुन्दर काव्य लिख सकता है, तथा "अर्जुन-विवाह", "कृष्णायन", "भारत युद्ध", "स्मरदहन" जैसे हिंदू जावा के सुन्दर काव्यों को काव्यमय अनुवाद मे हमारे सामने रख सकता है। यदि कविता के लिए चित्र-विचित्र प्राकृतिक दृश्य प्रेरक होते हैं, यदि कविता मे उदात्त अद्भुत घटनाए प्राण डालती है, यदि अपने चारो तरफ फैले विशाल कीर्ति-शेष कवि को उल्लसित कर सकते हैं, तो हमारी यह आशा असम्भव-कल्पना नहीं है कि हमारे तरुण घुमक्कड़ की काव्य-प्रतिभा अपनी घुमक्कडी के कितने ही दृश्यो से प्रभावित हो वाल्मीकि के कंठ की तरह फूट निकलेगी।

लेखनी का कोमल पदावली से अन्यत्र भी भारी उपयोग हो सकता है। हमारे क्या दूसरे देशो के भी प्राचीन साहित्य मे गद्य को वह महत्त्व-पूर्ण स्थान नही प्राप्त था, जो आज उसे प्राप्त हुआ है। उच्च श्रेणी के घुमक्कड के लिए लेखनी का धनी होना बहुत जरूरी है। बँधी हुई लेखनी को खोलने का काम यदि घुमक्कड़ी नहीं कर सकती, तो कोई दूसरा नहीं कर सकता। घुमक्कड देश-विदेश में घूमता हुआ चित्र-विचित्र

दृश्यों को देखना है, भिन्न-भिन्न रूप-रंग तथा आचार-विचार के लोगों के संपर्क में आता है । जिन दृश्यों को देखकर उसके हृदय में कौतूहल, आकर्षण और तृप्ति पैदा होती है, उसके लिए स्वाभाविक है कि उनके बारे में दूसरों से कहे । इसके लिए घुमक्कड का हाथ स्वतः लेखनी को उठा लेता है, लेखनी मानो स्वयं चलने लगती है । उसे मानसिक कल्पना द्वारा नई सृष्टि की आवश्यकता नहीं । दृश्यों, व्यक्तियों और घटनाओं को जैसे ही देखता है, वैसे ही वह हृदयस्थ होने लगती हैं, और फिर लेखनी अपने आप उन्हें वर्णों में अंकित करने लगती है। घुमक्कड को अपनी यात्रा किस रूप में लिखनी चाहिए, इसके लिए नियम निर्धारित नहीं किया जा सकता । उसे वास्तविकता को सामने रखते हुए जिस शैली में इच्छा हो, लिपिबद्ध कर देना चाहिए। आरम्भ में अभी-अभी लिखने का प्रयास करने वाले के लिए यह भी अच्छा होगा, यदि वह अपने किसी देश-बन्धु को पत्ररूप में आँखो के सामने आने दृश्यों को अंकित करे । लेखक की प्रतिभा के उद्‌जागरण के लिए पत्र आरम्भ में बड़े सहायक होते हैं । कितने ही भावी लेखकों को उनके पत्रों द्वारा पकड़ा जा सकता है । पत्र दो व्यक्तियों के आपसी साक्षात संबन्ध की पृष्ठभूमि में एक दूसरे के लिए आकर्षक या आवश्यक बातों को लेकर लिखे जाते हैं । यदि लेखक में प्रतिभा है, तो उसका चमत्कार लेखनी से जरूर उतरेगा। लेकिन, यह कोई आवश्यक नहीं है, कि यात्रा-संबधी लेख पत्रों के रूप में ही आरम्भ किये जायं। घुमक्कड़ आरम्भ से ही यात्रा विवरण के रूप मे लेखनी चला सकता है । लिखने के ढंग के बारे में चिंता करने की आवश्यकता नही । अच्छे लेखक भी अपने पहले के लेखकों से प्रभावित जरूर होते हैं, किन्तु बिना ही उनकी प्रयास अपनी निजी शैली भी बन जाती है ।

यात्रावर्णन स्वयं एक उच्च साहित्य का रूप ले सकता है, यह कितने ही लेखकों के वर्णन से समझ में आ सकता है । जो सतत घुमक्कड है, और नये-नये देशों में घूमता रहता है, उसके लिए तो यात्राएं

ही इतनी सामग्री दे सकती हैं, जिस पर लिखने के लिए सारा जीवन पर्याप्त नही हो सकता । लेकिन यात्राओं के लेखक दूसरी वस्तुओ के लिखने मे भी कृतकार्य हो सकते है। यात्रा मे तो कहानियाँ बीच मे ऐसे ही आती रहती है, जिनके स्वाभाविक वर्णन से घुमक्कड कहानी लिखने की कला और शैली को हस्तगत कर सकता है। यात्रा मे चाहे प्रथम पुरुष मे लिखे या अन्य पुरुष मे, घुमक्कड तो उसमे शामिल ही है, इसलिए घुमक्कड उपन्यास की ओर भी बढने की अपनी क्षमता को पहचान सकता है, और पहले के लेखन का अभ्यास इसमे सहायक हो सकता है।

ऐतिहासिक उपन्यासों मे ऐतिहासिक घटनाओं और पात्रो के साथ-साथ भौगोलिक पृष्ठभूमि का ज्ञान अत्यावश्यक है। घुमक्कड का अपना विषय होने से वह कभी भौगोलिक अनौचित्य को अपनी कृतियों में आने नही देगा। फिर बृहत्तर भारत के भारत-संबधी उपन्यास लिखने मे तो घुमक्कड को छोडकर किसीको अधिकार नही है। कुमारजीव, गुणवर्मा, दिवाकर, शातिरक्षित, दीपकर श्रीज्ञान, शाक्य श्रीभद्र की जीवनियो के चारो तरफ हम उस समय के बृहत्तर भारत का सजीव चित्र उतार सकते हैं। हाँ, इसके लिए घुमक्कड को जहाँ तहाँ ठहर कर सामग्री जमा करनो पडेगी। चूंकि हमारे पुराने घुमक्कड दूर-दूर देशो मे चक्कर काटते रहे, इसलिए घुमक्कड को सामग्री एकत्रित करने के लिए दूर-दूर तक घूमना पडेगा। इतिहास का ज्ञान हरेक सभ्य जाति के लिए अत्यावश्यक है। लेकिन जो इतिहास केवल राजा-रानियो तक ही अपने को सीमित रखता है, वह एकांगी होता है, उससे हमे उस समय के सारे समाज का परिचय नहीं मिलता। ऐतिहासिक उपन्यास सर्वांगीन इतिहास को सजीव बनाकर रखते हैं। जो ऐतिहासिक उपन्यासकार अपने उत्तरदायित्व को समझता है, वह कभी ऐतिहासिक या भौगोलिक अनौचित्य अपनी कृति मे नही आने देगा। हमारे घुमक्कड के लिए यहाँ कितना बडा क्षेत्र है, इसे कहने की आवश्यकता नहीं है।

घुमक्कड़ को अपनी लेखनी चलाते समय बड़े संयम रखने की आवश्यकता है। रोचक बनाने के लिए कितनी ही बार यात्रा-लेखक अतिरंजन और अतिशयोक्ति से ही काम नही लेते, बल्कि कितनी ही असंभव और असंगत बाते रहस्यवाद के नाम से लिख डालते हैं। उच्च घुमक्कड़ो के दुनिया में आने के पहले जो भूगोलज्ञान लोगो के पास था, वह मिथ्याविश्वासों से भरा था। लोग समझते थे, किसी जगह एक टंगा लोगो का देश है, वहां सभी लोग एक टांग के होते हैं। कही बड़े कान वालों का देश माना जाता था, जिन्हें ओढ़ना-बिछौना की आवश्यकता नही, वह एक कान को बिछा लेते और दूसरे को ओढ लेते है। इसी तरह नाना प्रकार की मिथ्या कथाएं प्राग्-घुमक्कड़ कालीन दुनिया मे प्रसिद्ध थी। घुमक्कड़ो ने सूर्य की भांति उदय होकर इस सारे तिमिर-तोम को छिन्न-भिन्न किया। यदि आज घुमक्कड़ अपनी दायित्वहीनता का परिचय देते नाना बहानों से मिथ्या विश्वासों को प्रोत्साहन देते हैं, तो वह अपने कुलधर्म के विरुद्ध जाते हैं। कावागूची ने अपने "तिब्बत मे तीन वर्ष" ग्रन्थ मे कई जगह अतिरंजन से काम लिया है। मैं समझता हूँ, यदि उनकी पुस्तक किसी अंग्रेज या अमेरिकन प्रकाशक के लिए लिखी गई होती, तो उसमें और भी ऐसी बाते भरी जातीं। आज प्रेस और प्रकाशन करोड़पतियो के हाथ मे चले गए हैं। इङ्गलैण्ड और अमेरिका मे तो उन्हींका राज्य है। भारत मे भी अब वही होता जा रहा है। यह करोड़पति प्रकाशक लोगों को प्रकाश में नहीं लाना चाहते; वह चाहते हैं कि वह और अंधेरे मे रहे, इसीलिए वह लोगो को हर तरह से बेवकूफ रखने की कोशिश करते हैं। मुझे अपना तजर्बा याद आता है: लंदन के बहुप्रचलित "डेलीमेल" (पत्र) के संवाददाता ने मेरी तिब्बत-यात्रा के बारे मे लिखते हुए बिलकुल अपने मन से यह भी लिख डाला—"यह तिब्बत के बीहड़ जगलों में घूम रहे थे, इसी वक्त डाकुओं ने आकर घेर लिया, वह तलवार चलाना ही चाहते थे कि भीतर से एक बाघ दहाड़ते हुए निकला, डाकू प्राण लेकर भाग

गये।" पत्र के आफिस से जब यह बात मेरे पास भेजी गई, तो मैंने झूठी असंभव बातों को काट दिया और बतलाया कि तिब्बत में न वैसा जंगल है, और न वहां बाघ ही होते हैं। लेकिन अगले दिन देखा, दूसरी पंक्तियों में कुछ कम भले ही हो गई थीं, किंतु काटी हुई पंक्तियां वहां मौजूद थीं। "डेलीमेल" वाले एक ही ढेले से दो चिड़ियाँ मार रहे थे। मुझे वह ढोंगी और झूठा साबित करना चाहते थे और अपने १४–१५ लाख ग्राहकों में से काफी को ऐसे चमत्कार की बात सुनाकर हर तरह के मिथ्या विश्वासों पर दृढ़ करना चाहते थे। जनता जितना अंधविश्वास की शिकार रहे, उतना ही तो इन जोंकों को लाभ है। इससे यह भी मालूम हो गया कि इस तरह के चमत्कारों को भी ग्रन्थ में भरने का प्रोत्साहन प्रकाशकों की ओर से दिया जाता है। उसी समय हमारे देश के एक स्वामी लंदन में विराज रहे थे। उन्होंने कुछ अपने और कुछ अपने गुरू के संबंध से हिमालय, मानसरोवर और कैलाश के नाम से ऐसी-ऐसी बातें लिखी थीं, जिनको यदि सच मान लिया जाय, तो दुनिया की कोई चीज असंभव नहीं रहेगी। घुमक्कड़ों को अपनी जिम्मेवारी समझनी चाहिए और कभी झूठी बातों और मिथ्या विश्वास को अपनी लेखनी से प्रोत्साहन देकर पाठकों को अंधकूप में नहीं गिराना चाहिए।

लेखनी का घुमक्कड़ी से कितना संबंध है, कितनी सहायता वहां से लेखनी को मिल सकती है, इसका दिग्दर्शन हमने ऊपर करा दिया। लेखनी की भांति ही तूलिका और छिन्नी भी घुमक्कड़ी के सम्पर्क से चमक उठती है। तूलिका को घुमक्कड़ी कितना चमका सकती है, इसका एक उदाहरण रूसी चित्रकार निकोलस रोयरिक थे। हिमालय हमारा है, यह कहकर भारतीय गर्व करते हैं, लेकिन इस देवात्मा नगाधिराज के रूप को अंकित करने में रोयरिक की तूलिका ने जितनी सफलता पाई, उसका शतांश भी किसीने नहीं कर दिखाया। रोयरिक की तूलिका रूस में बैठे इस चमत्कार को नहीं दिखला सकती थी।

यह वर्षों की घुमक्कड-चर्या थी, जिसने रोयरिक को इस तरह सफल बनाया। रूस के एक दूसरे चित्रकार ने पिछली शताब्दी मे "जनता में ईसा" नामक एक चित्र बनाने मे २५ साल लगा दिए। वह चित्र अद्भुत है। साधारण बुद्धि का आदमी भी उसके सामने खड़ा होने पर अनुभव करने लगता है, कि वह किसी अद्वितीय कृति के सामने खड़ा है। इस चित्र के बनाने के लिए चित्रकार ने कई साल ईसा की जन्मभूमि फिलस्तीन मे बिताये। वहां के दृश्यो तथा व्यक्तियो के नाना प्रकार के रेखाचित्र और वर्णचित्र बनाये, अन्त मे उन सबको मिलाकर इस महान् चित्र का उसने निर्माण किया। यह भी तूलिका और घुमक्कडी के सुन्दर सम्बन्ध को बतलाता है।

छिन्नी क्या, वास्तुकला के सभी अंगो मे घुमक्कडी का प्रभाव देखा जाता है। कलाकार की छिन्नी एक देश से दूसरे देश मे, यहां तक कि एक द्वीप से दूसरे द्वीप मे छलांग मारती रही है। हमारे देश की गंधार-कला क्या है? ऐसी ही घुमक्कडी और छिन्नी के सुन्दर सबन्ध का परिणाम है। जावा के बरोबुदुर, कबोज के अङ्कोरवात और तुङ्-ह्वान की सहस्र-बुद्ध गुफाओं का निर्माण करने वाली छिन्नियां उसी स्थान मे नहीं बनी, बल्कि दूर-दूर से चलकर वहाँ पहुंची थी, जहाँ घुमक्कडी के प्रभाव ने मूलस्थान की कला का निर्जीव नमूना न रख उसे और चमका दिया। आज भी हमारा घुमक्कड अपनी छिन्नी लेकर विश्व में कही भी निरावाध घूम सकता है।

घुमक्कडी लेखक और कलाकार के लिए धर्म-विजय का प्रयाण है. वह कला-विजय का प्रयाण है, और साहित्य-विजय का भी। वस्तुतः घुमक्कडी को साधारण बात नहीं समझनी चाहिए, यह सत्य की खोज के लिए, कला के निर्माण के लिए, सद्भावनाओं के प्रसार के लिए महान् दिग्विजय है!

चौदह

# निरुद्देश्य

निरुद्देश्य का अर्थ है उद्देश्यरहित, अर्थात् बिना प्रयोजन का। प्रयोजन बिना तो कोई मन्दबुद्धि भी काम नहीं करता। इसलिए कोई समझदार घुमक्कड यदि निरुद्देश्य ही बीहडपथ को पकडे तो यह विचित्र-सीबात है। निरुद्देश्य बंगला मे "घर से गुम हो जाने" को कहते हैं। यह बात कितने ही घुमक्कडों पर लागू हो सकती है, जिन्होंने कि एक बार घर छोडने के बाद फिर उधर मु ह नहीं किया। लेकिन घुमक्कडो के लिए जो साधन और कर्त्तव्य इस शास्त्र मे लिखे गए हैं, उन्हे देखकर कितने ही घुमक्कड़ कह उठेगे—हमे उनकी आवश्यकता नही, क्योंकि हमारी यात्रा का कोई महान् या लघु उद्देश्य नहीं। बहुत पूछने पर वह तुलसीदास की पांती "स्वान्तः सुखाय" कह देंगे। लेकिन 'स्वान्तः सुखाय' कहकर भी तुलसीदास ने जो महती कृति ससार के लिए छोडी क्या वह निरुद्देश्यता की द्योतक है? खैर 'स्वान्तः सुखाय' कह लीजिए, आप जो करेंगे वह बुरा काम तो नही होगा? आप बहुजन के अकल्याण का तो कोई काम नहीं करेंगे? ऐसा कोई सभ्रात घुमक्कड नहीं होगा, जो कि दूसरो को दु ख और पीडा देने वाला काम करेगा। हो सकता है, कोई आलस्य के कारण लेखनी, तूलिका या छिन्नी नही छूना चाहता, लेकिन इस तरह के स्थायी आत्मप्रकाश के बिना भी आदमी आत्म-प्रकाश कर सकता है। हर एक आदमी अपने साथ एक वातावरण लेकर घूमता है, जिसके पास आने वाले अवश्य उससे प्रभावित होते हैं।

घुमक्कड यदि मौन रहने का व्रत धारण कर ले, तो वह अधिक सफलता से आत्म-गोपन कर सकता है, किन्तु ऐसा घुमक्कड देश की सीमा से बाहर जाने की हिम्मत नहीं कर सकता। फिर ऐसा क्या संकट पड़ा है कि सारे भुवन में विचरण करने वाला व्यक्ति अपनी जीभ कटा ले। केवल बोलने वाला घुमक्कड दूसरे का कम लाभ नहीं करता। बोलने और लिखने दोनो ही से काल और देश दोनो मे अधिक आदमी लाभ उठा सकते हैं, लेकिन अकेली वाणी भी कम महत्व नही रखती। इस शताब्दी के आरम्भ मे काशी के सर्वश्रेष्ठ विद्वान् पंडित शिवकुमार शास्त्री अपने समय के ही नहीं, वर्त्तमान अर्ध-शताब्दी के सर्वश्रेष्ठ संस्कृतज्ञ थे। वह शास्त्रार्थ मे अद्वितीय तथा सफल अध्यापक थे, किन्तु लेखनी के या तो आलसी थे या दुर्बल; अथवा दोनो ही। उन्होने एक पुस्तक पहले लिखी, जब कि उनकी ख्याति नही हुई थी। ख्याति के बाद एक पुस्तक लिखी, किन्तु उसे अपने शिष्य के नाम से छपवाया। प्रतिद्वन्द्वी दोष निकालेंगे, इसीलिए वह कुछ भी लिखने से हिचकिचाते थे। उस समय केदोष निकालने वाले संस्कृतज्ञ कुछ निम्नतल मे चले गए थे, इसमे संदेह नहीं। भट्टोजी दीक्षित ने शाहजहां के समय सत्रहवी सदी के पूर्वार्ध मे 'सिद्धान्त कौमदी' नाम की प्रसिद्ध पुस्तक लिखी, साथ ही व्याकरण के कितने ही तत्वो की व्याख्या करते हुए 'मनोरमा' नामक ग्रन्थ भी लिखा। शाहजहां के दरबारी पंडित, पंडितराज जगन्नाथ विचारों मे कितने उदार थे, यह इसीसे मालूम होगा कि उन्होने स्व-धर्म पर आरूढ रहते एक मुसलमान स्त्री से ब्याह किया। उनकी सारे शास्त्रो में गति थी और वह वस्तुतः पंडितराज ही नही बल्कि संस्कृत के अन्तिम महान् कवि थे। लेकिन भट्टोजी दीक्षित की भूल दिखलाने के लिए उन्होंने बहुत निम्नतल पर उतरकर मनोरमा के विरुद्ध 'मनोरमा-कुचमर्दन' लिखा। बेचारे शिवकुमार "दूध का जला छाछ फूंक-फूंक कर पिये" की कहावत के मारे यदि लेखनी नही चला सके, तो उन्हे दोषी नहीं ठहराया जा सकता। लेकिन दो पीढियों तक पढाते संस्कृत

के सैकड़ों चोटी के विद्वानों को पढ़ाकर क्या उन्होंने अपनी विद्वत्ता से कम लाभ पहुंचाया ? कौन कह सकता है, वह ऋषि-ऋण से उऋण हुए बिना चले गए। इसलिए यह समझना गलत है कि घुमक्कड़ यदि अपनी यात्रा निरुद्देश्य करता है, तो वह ठोस पदार्थ के रूप में अपनी कृति नहीं छोड़ जायगा।

भूतकाल में हमारे बहुत-से ऐसे घुमक्कड़ हुए, जिन्होंने कोई लेख या पुस्तक नहीं छोड़ी। बहुत भारी संख्या को संसार जान भी नहीं सका। एक रूसी महान् चित्रकार ने तीन सवारों का चित्र उतारा है। किसी दुर्गम निर्जन देश में चार तरुण सवार जा रहे थे, जिनमें से एक यात्रा की बलि हो गया। बाकी तीन सवार बहुत दिनों बाद बुढ़ापे के समीप पहुँचकर लौट रहे थे। रास्ते में अपने प्रथम साथी और उसके घोड़े की सफेद खोपड़ियां दिखाई पड़ीं। तीनों सवारों और घोड़े के चेहरे में करुणा की अतिवृष्टि कराने में चित्रकार ने कमाल कर दिया है। इस चित्र को उस समय तक मैंने नहीं देखा था, जबकि १९३० में सम्-ये के विहार में अपने से बारह शताब्दी पहले हिमालय के दुर्गम मार्ग को पार करके तिब्बत गये नालन्दा के महान् आचार्य शान्तरक्षित की खोपड़ी देखी तो मेरे हृदय की अवस्था बहुत ही करुण हो उठी थी। कुछ मिनटों तक मैं उस खोपड़ी को एकटक देखता रहा, जिसमें से 'तत्व-संग्रह' जैसा महान् दार्शनिक ग्रन्थ निकला और जिसमें पचहत्तर वर्ष की उमर में भी हिमालय पार करके तिब्बत जाने की हिम्मत थी। परन्तु शांतरक्षित गुमनाम नहीं मरे। उन्होंने स्वयं अपनी यात्रा नहीं लिखी, लेकिन दूसरों ने महान् आचार्य बोधिसत्व के बारे में काफी लिखा है।

ऐसी भी खोपड़ियों का निराकार रूप में साक्षात्कार हुआ है, जो दुनिया घूमते-घूमते गुमनाम ही चली गईं। निजनीनवोग्राद में गये उस भारतीय घुमक्कड़ के बारे में किसीको पता नहीं कि वह कौन था, किस शताब्दी में गया था, न यही मालूम कि वह कहां पैदा हुआ था, और कैसे कैसे चक्कर काटता रहा। यह सारी बातें उसके साथ चली गईं।

वर्त्तमान शताब्दी के आरम्भ मे एक रूसी उपन्यासकार को निजनी-नवोग्राद की भौगोलिक और सामाजिक पृष्ठभूमि को लिये एक उपन्यास लिखने की इच्छा हुई। उसीने वहां एक गुप्त सम्प्रदाय का पता लगाया, जो बाहर से अपने को ईसाई कहता था, लेकिन लोग उस पर विश्वास नही करते थे। उपन्यासकार ने उनके भीतर घुसकर पूजा के समय गाये जाने वाले कुछ गीत जमा किये। वह गीत यद्यपि कई पीढ़ियो से भाषा से अपरिचित लोगो द्वारा गाये जाते थे, इसलिए भाषा बहुत विकृत हो चुकी थी, तो भी इसमे कोई संदेह की गुंजाइश नही, कि वह हिंदी भाषा के गीत थे और उनमे गौरी तथा महादेव की महिमा गाई गई थी। उपन्यासकार ने लिखा है कि उसके समय (बीसवी शताब्दी के आरम्भ मे) इस पन्थ की संख्या कई हजार थी, उसका मुखिया ज़ार की सेना का एक कर्नल था। मालूम नही क्रांति की आँधी में वह पन्थ कुछ बचा या नही, किन्तु ख्याल कीजिए—कहाँ भारत और कहां मध्य वोल्गा मे आधुनिक गोरकी और उस समय का निजनीनवोग्राद। निजनीनवोग्राद (निचला नया नगर) मे दुनिया का सबसे बड़ा मेला लगता था, जिसमे यूरोप ही नहीं, चीन, भारत तक के व्यापारी पहुचते थे। जान पडता है, मेले के समय वह फक्कड भारतीय वहां पहुच गया। फक्कड बाबा के लिए क्या बात थी? यदि वह कहीं दो-चार साल के लिए रम जाता तो वहां उसकी समाधि होती। फिर तो उपन्यासकार अवश्य उसका वर्णन करता। खैर, भारतीय घुमक्कड ने रूसी परिवारो मे से कुछ को अपना ज्ञान-ध्यान दिया। भाषा का इतना परिचय हो कि वह वेदांत सिखलाने की कोशिश करे, यह सम्भव नहीं मालूम होता। वेदात सिखलाने वाले को हर-गौरी के गीतों पर अधिक जोर देने की आवश्यकता नहीं होती। फक्कड बाबा के पास कोई चीज़ थी, जिसने वोल्गा तट के ईसाई रूसियों को अपनी ओर आकृष्ट किया, नहीं तो वह इकट्ठा होकर पूजा करते हर-गौरी का गीत क्यो गाते? संभव है फक्कड़ बाबा को योग और त्राटक के लटके

मालूम हों। ये अमोघ अस्त्र हैं, जिन्हें ले कर हमारे आज के कितने ही सिद्ध पुरुष यूरोपियन शिक्षितों को दंग करते हैं। फिर सत्रहवीं-अठारहवीं शताब्दी में यदि फक्कड़ बाबा ने लोगों को मुग्ध किया हो, अथवा आत्मिक शान्ति दी हो, तो क्या आश्चर्य ? वोल्गा तक फक्कड़ बाबा भी निरुद्देश्य गया, लेकिन निरुद्देश्य रहते भी वह कितना काम कर गया ? पश्चिमी यूरोप के लोग उन्नीसवीं-बीसवीं सदी में जिस तरह भारतीयों को नीची निगाह से देखते थे, रूसियों का भाव वैसा नहीं था। क्या जाने उसका कितना श्रेय फक्कड़ बाबा जैसे घुमक्कड़ों को है ? इसलिए निरुद्देश्य घुमक्कड़ से हमें हताश होने की आवश्यकता नहीं है।

तीस बरस से भारत से गये हुए एक मित्र जब पहली बार मुझे रूस में मिले, तो गद्गद् होकर कहने लगे—"आपके शरीर से मातृ-भूमि की सुगंध आ रही है।" हरएक घुमक्कड़ अपने देश की गंध ले जाता है। यदि वह उच्च श्रेणी का घुमक्कड़ नहीं हो तो वह दुर्गंध होती है; किंतु हम निरुद्देश्य घुमक्कड़ से दुर्गन्ध पहुंचाने की आशा नहीं रखते। वह अपने देश के लिए अभिमान करेगा। भारत जैसी मातृभूमि पाकर कौन अभिमान नहीं करेगा ? यहां हजारों चीज़ें हैं, जिन पर अभिमान होना ही चाहिए। गर्व में आकर दूसरे देश को हीन समझने की प्रवृत्ति हमारे घुमक्कड़ की कभी नहीं होगी, यह हमारी आशा है और यही हमारी प्राचीन परम्परा भी है। हमारे घुमक्कड़ असंस्कृत देश में संस्कृति का संदेश लेकर गये, किंतु इसलिए नहीं कि जाकर उस देश को प्रताड़ित करें। वह उसे भी अपने जैसा संस्कृत बनाने के लिए गये। कोई देश अपने को हीन न समझे, इसीका ध्यान रखते उन्होंने अपने ज्ञान-विज्ञान को उसकी भाषा की पोशाक पहनाई, अपनी कला को उसके वातावरण का रूप दिया। मातृभूमि का अभिमान पाप नहीं है, यदि वह दुरभिमान नहीं हो। हमारा घुमक्कड़ निरुद्देश्य होने पर भी अपने को अपने देश का प्रतिनिधि समझेगा, और इस बात की कोशिश करेगा कि उससे कोई ऐसी बात

नहीं, जिससे उसकी जन्मभूमि और घुमक्कड़-पथ लांछित हों। वह समझता है, इस निरुद्देश्य घुमक्कडी मे मातृभूमि की दी हुई हड्डियां न जाने किस पराये देश मे बिखर जाय, देश की इस थाती को पराये देश मे डालना पड़े, इस ऋण का ख्याल करके भी घुमक्कड सदा अपनी मातृभूमि के प्रति कृतज्ञ बनने की कोशिश करेगा।

बिना किसी उद्देश्य के पृथ्वी-पर्यटन करना यह भी छोटा उद्देश्य नही है। यदि किसीने बीस-बाईस साल की आयु मे भारत छोड दिया और छओ महाद्वीपो के एक-एक देश मे घूमने का ही संकल्प कर लिया, तो यह भी अप्रत्यक्ष रूप से कम लाभ की चीज नहीं है। ऐसे भी भारतीय घुमक्कड़ पहले हुए हैं, और एक तो अब भी जीवित है। उसकी कितनी ही बाते मैंने यूरोप मे दूसरे लोगोंके मुंह से सुनीं। कई बाते तो विश्वसनीय नही हैं। सोलह-अठारह बरस की उमर मे कलकत्ता विश्वविद्यालय से दर्शन का डाक्टर होना—सो भी प्रथम विश्वयुद्ध के पहले, यह विश्वास की बात नहीं है। खैर, उसके दोषो से कोई मतलब नही। उसने घुमक्कडी बहुत की है। शायद पैंतीस-छत्तीस बरस उसे घूमते ही हो गए, और अमेरिका, युरोप, तथा अटलांटिक और प्रशांत महासागर के द्वीपो को उसने कितनी बार छान डाला, इसे कहना मुश्किल है। अंग्रेजी, फ्रासीसी, स्पेनिश आदि भाषायें उसने घूमते-घूमते सीखीं। वह इसी तरह घूमते-घूमते एक दिन कही चिरनिद्रा-विलीन हो जायगा और न अपनो न परायो को याद रहेगा, कि लास्सेर्कक्करिया नाम का एक अनथक निर्भय घुमक्कड भी भारत मे पैदा हुआ था। तो भी वह शिक्षित और सस्कृत घुमक्कड़ है, इसलिए उसने अपनी घुमक्कड़ी मे ब्राजील, क्यूबा, फ्रांस और जर्मनी के कितने लोगो पर प्रभाव डाला होगा, इसे कौन बतला सकता है? और इसी तरह का एक घुमक्कड़ १९३२ मे मुझे लंदन मे मिला था। वह हमीरपुर जिले का रहनेवाला था। नाम उसका शरीफ था। प्रथम विश्वयुद्ध के समय वह किसी तरह इंग्लैण्ड पहुँचा। उसके जीवन के बारे मे मालूम न हो सका, किन्तु

जब मिला था तब से बहुत पहले ही से वह एकान्त घुमक्कड़ी कर रहा था, और सो भी इंग्लैण्ड जैसे भौतिकवादी देश मे। इंग्लैंड, स्काटलैंड और आयरलैंड मे साल मे एक बार जरूर वह पैदल घूम आता था। घूमते रहना उसका व्रत था। कमाने का बहुत दिनो से उसने नाम नही लिया। भोजन का सहारा भिक्षा थी। मैंने पूछा—भिक्षा मिलने मे कठिनाई नहीं होती? यहाँ तो भीख मांगने के खिलाफ कानून है। शरीफ ने कहा—हम बड़े घरों मे मागने नहीं जाते, वह कुत्ता छोड़ देते हैं या टेलिफोन करके पुलिस को बुला लेते हैं। हमे वह गलियां और सड़कें मालूम हैं, जहाँ गरीब और साधारण आदमी रहते हैं। घरों के लेटर-बक्स पर पहले के घुमक्कड़ चिन्ह कर देते है, जिससे हमे मालूम हो जाता है कि यहाँ डर नहीं है और कुछ मिलने की आशा है। शरीफ रंग-ढंग से आत्म सम्मानहीन भिखारी नहीं मालूम होता था। कहता था—हम जाकर किवाड़ पर दस्तक लगाते या घंटी दबाते हैं। किसीके आने पर कह देते हैं—क्या एक प्याला चाय दे सकती हैं? आवश्यकता हुई तो कह दिया, नहीं तो चाय के साथ रोटी का टुकड़ा भी आ जाता है। शहरो मे भी यद्यपि शरीफ को घुमक्कड़ी ले जाती थी, किन्तु वह लदन जैसे महानगरो से दूर रहना अधिक पसन्द करता था। सोने के बारे मे कह रहा था—रात को सार्वजनिक उद्यानों के फाटक बंद हो जाते हैं, इसलिए हम दिन ही मे वहाँ घास पर पड़कर सो लेते हैं। शरीफ ने यह भी कहा—चले तो इस समय मैं रीजेंट पार्क में पचासो घुमक्कड़ो को सोया दिखला सकता हूँ। रात को घुमक्कड़ शहर की सड़कों पर घूमने में बिता देते हैं। वहीं एक अंग्रेज घुमक्कड़ से भी परिचय हुआ। कई सालो तक वह घुमक्कड़ी के पथ पर बहुत कुछ शरीफ के ढंग पर रहा, पर इधर पढने का चस्का लग गया। लदन में पुस्तकें सुलभ थीं और एक चिरकुमारी ने अपना सहवास दे दिया था, इस प्रकार कुछ समय के लिए उसने घुमक्कड़ी से छुट्टी ले ली थी।

ऐसे लोग भी निरुद्देश्य घुमक्कड़ कहे जा सकते हैं। पर उन्हें ऊंचे दर्जे का घुमक्कड नहीं मान सकते; इसलिए नहीं कि वह बुरे आदमी हैं। बुरा आदमी निश्चिततापूर्वक दस-पंद्रह साल घुमक्कडी कैसे कर सकता है? उसे तो जेल की हवा खानी पडेगी। बड़े घुमक्कड इसलिए नहीं थे, कि उन्होंने अपने घूमने का स्थान दो टापुओं में सीमित रखा था। छओं द्वीप—एसिया, यूरोप, अफ्रिका, उत्तरी अमेरिका, दक्षिणी अमेरिका और आस्ट्रेलिया—जिसकी जागीर हों, वह बडा घुमक्कड कहा जा सकता है। एसियाइयों के लिए छओं द्वीपों से कितने ही स्थान बंद हैं, इसलिए वह वहां नहीं पहुँच सकते, तो इससे घुमक्कड का बडप्पन कम नहीं होता।

निरुद्देश्य घुमक्कड कोई उद्देश्य न रखकर भी एक काम तो कर सकता है: वह घुमक्कड-पन्थ के प्रति लोगों में सम्मान और विश्वास पैदा कर सकता है, सारे घुमक्कडों में घनिष्ठ भ्रातृभाव पैदा कर सकता है। यह काम वह अपने आचरण से कर सकता है। आज दुनिया में संगठन का जमाना है। "संघे शक्तिः कलौ युगे", इसलिए यदि घुमक्कड संगठन की आवश्यकता महसूस करने लगे, तो कोई आश्चर्य नहीं। किन्तु किसी बाकायदा घुमक्कड-संगठन की आवश्यकता नहीं है। हर एक घुमक्कड के भीतर भ्रातृभावना छिपी हुई है, यदि वह थोडा एक दूसरे के संपर्क में और आयें-जायं, तो यही संगठन का काम करेगा। स्वस्थ घुमक्कड़ के हाथ-पैर चल रहे हैं, उस वक्त उसको चिन्ता नहीं हो सकती। बीमार हो जाने पर अवश्य बिना हित-मित्र, बिना गांव-देश के उसे आश्रयहीन होना पडता है। यद्यपि उसकी चिन्ता से कभी घुमक्कड-पन्थ में आने वालों की कमी नहीं हुई, तो भी ऐसे समय घुमक्कड़ को घुमक्कड के प्रति सहानुभूति और सहायता होनी चाहिए। ऐसे समय के लिए अपने भक्त और अनुयायियों में उन्हें ऐसी भावना पैदा करनी चाहिए, कि किसी भी घुमक्कड़ को सहायता के समय सहायता मिल जाय। घुमक्कड मठ

और आश्रम बनाकर कहीं एक जगह बस जायगा, यह दुराशा मात्र है, किन्तु घुमक्कड़ी-पन्थ से संबंध रखने वाले जितने मठ है, उनमें ऐसी भावना भरी जाय, जिसमे घुमक्कड़ को आवश्यकता पड़ने पर विश्राम, स्थान मिल सके।

आने वाले घुमक्कडो के रास्ते को साफ रखना यह भी हरएक घुमक्कड का कर्तव्य है। यदि इतने का भी ध्यान निरुद्देश्य घुमक्कड रखें, तो मैं समझता हूँ, वह अपने समाज का सहायक हो सकता है। हजारो निरुद्देश्य घुमक्कड घर छोड़कर निकल जाते है। यदि आंखो के सामने किसी माँ का पूत मर जाता है, तो वह किसी तरह रो-धो कर सन्तोष कर लेती है; किन्तु भागे हुए घुमक्कड़ की माता वैसा नहीं कर सकती। वह जीवन-भर आशा लगाये बैठी रहती है। विवाहिता पत्नी और बंधु-बांधव भी आशा लगाये रहते है, कि कभी वह भगोड़ा फिर घर आयेगा। कई बार इसके विचित्र परिणाम पैदा होते हैं। एक घुमक्कड़ घूमते-घामते किसी अपरिचित गांव मे चला गया। लोगो मे कानाफूसी हुई। उसे बड़ी आवभगत से एक द्वार पर रखा गया। घुमक्कड उनके हाथ की रसोई नही खा सकता था, इसलिए भोजन का सारा सामान और बर्तन रख दिया गया। भोजन खाते-खाते घुमक्कड़ को समझने में देर न लगी कि उसको घेरा जा रहा है। शायद उस गाँव का कोई एक तरुण दस-बारह साल से भाग गया था। उसकी स्त्री घर मे थी। उक्त तरुण ने किसी बहाने गाँव से भागने में सफलता पाई। लोग उसके इन्कार करने पर भी यह मानने के लिए तैयार न थे, कि वह वही आदमी नहीं है। आरा जिले मे तो यहाँ तक हो गया कि लोगों ने इन्कार करने पर भी एक घुमक्कड़ को मजबूर किया। भाग्य पर छोड़कर घुमक्कड बैठ गया। जिसके नाम पर बैठा था, उसके नाम पर उसने एक सन्तान पैदा की, फिर असली आदमी आ गया। ऐसी स्थिति न पैदा करने के लिए घुमक्कड़ क्या कर सकता था? वह जगह-जगह से चिट्ठी कैसे लिख सकता था, कि

में दूर हूं। चिट्ठी लिखना भी लोगों के दिल में झूठी आशा पैदा करना है।

निरुद्देश्य घुमक्कड़ होने का बहुतों को मौका मिलता है। घुमक्कड़ शास्त्र अभी तक लिखा नहीं गया था, इसलिए घुमक्कड़ी का क्या उद्देश्य है, यह कैसे लोगों को पता लगता? अभी तक लोग घुमक्कड़ी को साधन मानते थे, और साध्य मानते थे मुक्ति—देव-दर्शन को; लेकिन घुमक्कड़ी केवल साधन नहीं, वह साथ ही साध्य भी है। निरुद्देश्य निकलने वाले घुमक्कड़ आजन्म निरुद्देश्य रह जायं, खूंटे से बंधे नहीं, तो भी हो सकता है कि पीछे कोई उद्देश्य भी दिखाई पड़ने लगे। सोद्देश्य और निरुद्देश्य जैसी भी घुमक्कड़ी हो, वह सभी कल्याणकारिणी हैं।

पन्द्रह

## स्मृतियां

घुमक्कड असंग और निर्लेप रहता है, यद्यपि मानव के प्रति उसके हृदय में अपार स्नेह है। यही अपार स्नेह उसके हृदय मे अनन्त प्रकार की स्मृतियां एकत्रित कर देता है। वह कही किसीसे द्वेष करने के लिए नहीं जाता। ऐसे आदमी के अकारण द्वेष करने वाले भी कम ही हो सकते हैं, इसलिए उसे हर जगह से मधुर स्मृतिया ही जमा करने को मिलती हैं। हो सकता है, तरुणाई के गरम खून, या अनुभव-हीनता के कारण घुमक्कड़ कभी किसी के साथ अन्याय कर बैठे, इसके लिए उसे सावधान कर देना आवश्यक है। घुमक्कड़ कभी स्थायी बन्धु-बान्धवो को नही पा सकता, किंतु जो बन्धु-बान्धव उसे मिलते हैं, उनमे अस्थायी साकार बन्धु-बान्धव ही नहीं, बल्कि कितने ही स्थायी निराकार भी होते है, जो कि उसकी स्मृति मे रहते हैं। स्मृति मे रहने पर भी वह उसी तरह हर्ष-विषाद पैदा करते हैं, जैसे कि साकार बन्धुजन। यदि घुमक्कड़ ने अपनी यात्रा मे कही भी किसी के साथ बुरा किया तो वह उसकी स्मृति में बैठकर घुमक्कड़ से बदला लेता है। घुमक्कड़ कितना ही चाहता है कि अपने किये हुए अन्याय और उसके भागी को स्मृति से निकाल दे, किंतु यह उसकी शक्ति से बाहर है। जब कभी उस अत्याचार-भागी व्यक्ति और उस पर किये गए अपने अत्याचार की स्मृति आती है, तो घुमक्कड़ के हृदय मे टीस लगने लगती है। इसलिए घुमक्कड़ को सदा सावधान रहने की आवश्यकता है कि वह कभी ऐसी उत्पीड़क स्मृति को पैदा न होने दे।

घुमक्कड ने यदि किसी के साथ अच्छा बर्ताव, उपकार किया है, चाहे वह उसे मुंह से प्रकट करना कभी पसन्द नहीं करता, किंतु उससे उसे आत्मसंतोष अवश्य होता है। जिन्होंने घुमक्कड के ऊपर उपकार किया है, सान्त्वना दी है, या अपने संग से प्रसन्न किया है; घुमक्कड उन्हें कभी नहीं भूल सकता। कृतज्ञता और कृतवेदिता घुमक्कड के स्वभाव में है। वह अपनी कृतज्ञता को वाणी और लेखनी से प्रकट करता है और हृदय में भी उसका अनुस्मरण करता है।

यात्रा में घुमक्कड के सामने नित्य नये दृश्य आते रहते हैं। इनके अतिरिक्त खाली घड़ियों में उसके सामने सारे अतीत के दृश्य स्मृति के रूप में प्रकट होते रहते हैं। यह स्मृतिया घुमक्कड़ को बड़ी सान्त्वना देती है। जीवन में जिन वस्तुओं से वह वंचित रहा उनकी प्राप्ति यह मधुर स्मृतियाँ कराती हैं। लोगों को याद रखना चाहिए, कि घुमक्कड एक जगह न ठहर सकने पर भी अपने परिचित मित्रों को सदा अपने पास रखता है। घुमक्कड़ कभी लंदन या मास्को के एक बड़े होटल में ठहरा होता है, जहाँ की दुनिया ही बिलकुल दूसरी है; किंतु वहाँ से भी उसकी स्मृतियां उसे तिब्बत के किसी गाँव में ले जाती हैं। उस दिन थका-मांदा बड़े डांडे को पार करके एक घुमक्कड सूर्यास्त के बाद उस गांव में पहुँचा था। बड़े घर वालों ने उसे रहने की जगह नहीं दी, उन्होंने कोई-न-कोई बहाना कर दिया। अंत में वह एक अत्यन्त गरीब के घर में गया। उसे घर भी नहीं कहना चाहिए, किसी पुराने खंडहर को छा-छूकर गरीब ने अपने और बच्चों के लिए वहां स्थान बना लिया था। गरीब हृदय खोलकर घुमक्कड़ से मिला। घुमक्कड रास्ते की सारी तकलीफें भूल गया। गाँव वालों का रूखा रुख चिरविस्मृत हो गया। उसने उस छोटे परिवार के जीवन और कठिनाई को देखा, साथ ही उतने विशाल हृदय को जैसा उसने उस गांव में नहीं पाया था। घुमक्कड के पास जो कुछ भी देने लायक था, चलते वक्त उसे उसने उस परिवार को दे दिया, किंतु वह समझता था कि सिर्फ इतने से वह पूरी तौर से कृत-

ज्ञता प्रकट नहीं कर सकता ।

घुमक्कड के जीवन में ऐसी बहुत-सी स्मृतियां होती हैं। जो कटु स्मृतियां यदि घर करके बैठी होती हैं, उनमें अपने किये हुए अन्याय की स्मृति दुस्सह हो उठती है। कृतज्ञता और कृतवेदिता घुमक्कड का गुण है। वह जानता है कि हर रोज कितने लोग अकारण ही उसको सहायता के लिए तैयार हैं और वह उनके लिए कुछ भी नही कर सकता। उसे एक बार का परिचित दूसरी बार शायद ही मिलता है, घुमक्कड़ इच्छा रहने पर भी वहां दूसरी बार जा ही नही पाता। जाता भी है तो उस समय तक बारह साल का एक युग बीत गया रहता है। उस समय अक्सर अधिकांश परिचित चेहरे दिखलाई नही पडते, जिन्होने उसके साथ मीठी-मीठी बाते की थीं, हर तरह की सहायता की थी। बारह वर्ष के बाद वाणी से भी कृतज्ञता प्रकट करने का उसे अवसर नहीं मिलता। इसके लिए घुमक्कड के हृदय मे मीठी टीस लगती है—उस पुरुष की स्मृति मे मिठास अधिक होती है उसके वियोग मे टीस।

घुमक्कड के हृदय मे जीवन की स्मृतियां वैसे ही सचित होती रहती हैं, किन्तु अच्छा है वह अपनी डायरी में इन स्मृतियों का उल्लेख करता जाय। कभी यात्रा लिखने की इच्छा होने पर यह स्मृति-सचिकाए बहुत काम आती हैं। अपने काम नही आये, तो भी, हो सकता है, दूसरे के काम आयें। डायरी घुमक्कड के लिए उपयोगी चीज है। यदि घुमक्कड ने जिस दिन से इस पथ पर पैर रखा, उसी दिन से वह डायरी लिखने लगे, तो बहुत अच्छा हो। ऐसा न करने वालो को पीछे पछतावा होता है। घुमक्कड का जब कोई घर-द्वार नही, तो वह साल-साल की डायरी कहा सुरक्षित रखेगा? यह कोई कठिन प्रश्न नही है। घुमक्कड अपनी यात्रा मे ऐतिहासिक महत्त्व की पुस्तके प्राप्त कर सकता है, चित्रपट या मूर्तियां जमा कर सकता है। उसके पास इनके रखने की जगह नही, किन्तु क्या ऐसा करने से वह बाज आ सकता है? वह उन्हे जमा करके उपयुक्त स्थान मे भेज सकता है। यदि मैं यह समझता कि बे-घरबार

का होने के कारण क्यों किसी चीज को जमा करूं, तो मैं समझता हूं पीछे मुझे इसका बराबर पछतावा रहता। मैंने तिब्बत से पुराने सुन्दर-चित्र खरीदे, हस्तलिखित पुस्तकें जमा की, और भी जो ऐतिहासिक, सांस्कृतिक महत्व की चीजें मिलीं, उन्हें जमा करते समय कभी नहीं ख्याल किया कि बे-घर के आदमी को ऐसा करना ठीक नहीं। पहली यात्रा मे बाईस खच्चर पुस्तकें, और दूसरी चीजें मै साथ लाया। मैं जानता था कि उन का महत्व है, और हमारे देश मे सुरक्षित रखने का स्थान भी मिल जायगा। कुछ समय बाद वह चीजें पटना म्यूजियम को दे दी। अगली यात्राओं में भी जब-जब कोई महत्वपूर्ण चीज हाथ लगी, मैं लाता रहा। उनमें से कुछ पटना म्यूजियम को दीं, कुछ को काशी के कला-भवन में और कुछ चीजें प्रयाग म्यूनिसिपल म्यूजियम मे भी। व्यक्तियो को ऐसी चीजें देना मुझे कभी पसद नही रहा। बहुत आग्रह करने पर किन्हीं मित्रों को सिर्फ दो-एक ही ऐसी चीजें लाकर दीं। घुमक्कड अपनी यात्रा मे कितनी ही दिलचस्प चीजें पा सकता है। यदि वह सुरक्षित जगह पर है तो कोई बात नहीं; यदि अरक्षित जगह पर हैं, तो उन्हे अवश्य सुरक्षित जगह पर पहुंचाना घुमक्कड़ का कर्तव्य है। हां, यह देखते हुए कि वैसा करने से घुमक्कड-पन्थ पर कोई लांछन न लगे।

घुमक्कड को इस बात का भी ख्याल मन में लाना नहीं चाहिए, कि उसने चीजों को इतनी कठिनाई से संग्रह किया, लेकिन लोगों ने उस संग्रह से उसका नाम हटा दिया। एक बार ऐसा देखा गया : एक घुमक्कड ने बहुत-सी बहुमूल्य वस्तुए एक सस्था को दी थीं। संस्था के अधिकारियों ने पहले उन चीजो के साथ दायक का नाम लिखकर टांग दिया था, फिर किसी समय नाम को हटा दिया। घुमक्कड के एक साथी को इसका बहुत क्षोभ हुआ। लेकिन घुमक्कड को इसका कोई ख्याल नहीं हुआ। उसने कहा : यदि यह चीजे इतनी नगण्य हैं, तो दायक का नाम रहने से ही क्या होता है? यदि वह बडे महत्व की वस्तुएं हैं, तो वर्तमान अधिकारियों का ऐसा करना केवल उपहासास्पद चेष्टा

है, क्योंकि वह महत्वपूर्ण वस्तुएं कैसे यहां पहुँची, क्या इस बात को अगली पीढियो से छिपाया जा सकता है ?

जो भी हो, अपने घुमक्कड रहने पर भी संस्थाओं के लिए जो भी वस्तुएं संग्रहीत हो सके, उनका संग्रह करना चाहिए। ऐसी ही किसी सस्था मे वह अपनी साल साल की डायरी भी रख सकता है। व्यक्ति के ऊपर भरोसा नही करना चाहिए। व्यक्ति का क्या ठिकाना है ? न जाने कब चल बसे, फिर उसके बाद उत्तराधिकारी इन वस्तुओं का क्या मूल्य समझेगे ! बहुत-सी अनमोल निधियो के साथ उत्तराधिकारियों का अत्याचार अविदित नही है। उस दिन ट्रेन दस घटा बाद मिलने वाली थी, इसलिए कटनो मे डाक्टर हीरालाल जी का घर देखने चले गये। भारतीय इतिहास, पुरातत्व के महान् गवेषक और परम अनुरागी हीरालाल अपने जीवन मे कितनी ही ऐतिहासिक सामग्रियां जमा करते रहे। अब भी उनकी जमा की हुई कितनी ही मूर्तियाँ सीमेंट के दरवाजे मे मढी लगी थी। उनके निजी पुस्तकालय मे बहुत-से महत्व पूर्ण और कितने ही दुर्लभ ग्रन्थ है। डाक्टर हीरालाल के भतीजे अपने कीर्तिशाली चचा की चीजो का महत्व समझते हैं, अत. चाहते थे कि उन्हे कहीं ऐसी जगह रख दिया जाय, जहां वह सुरक्षित रह सकें। उनको कटनी ही की किसी संस्था मे रख छोडने का मोह था। मैंने कहा—आप इन्हें सागर विश्वविद्यालय को दे दें। वहां इन वस्तुओं से पूरा लाभ उठाया जा सकता है, और चिरस्थायी तथा सुरक्षित भी रखा जा सकता है। उन्होंने इस सलाह को पसन्द किया। मेरे मित्र डाक्टर जायसवाल अधिक अग्रसोची थे। उन्होंने कानून की पुस्तकें छोड अपने सारे पुस्तकालय को हिन्दू विश्वविद्यालय के नाम पहले ही लिख दिया था।

घुमक्कड का अपना घर न रहने के कारण इसकी चिन्ता नही करनी चाहिए, कि अपने पास धीरे-धीरे बडा पुस्तकालय या संग्रहालय जमा हो जायगा। जो भी महत्वपूर्ण चीज हाथ लगे, उसे सुपात्र संस्था में देते रहना चाहिए। सुपात्र सस्था के लिए आवश्यक नहीं है कि वह

घुमक्कड की अपनी ही जन्मभूमि की हो। वह जिस देश मे भी घूम रहा है, वहां की संस्था को भी दे सकता है।

घुमक्कड-शास्त्र समाप्त हो रहा है। शास्त्र होने से यह नही समझना चाहिए कि यह पूर्ण है। कोई भी शास्त्र पहले ही कर्त्ता के हाथों पूर्णता नहीं प्राप्त करता। जब उस शास्त्र पर वाद-विवाद, खण्डन-मण्डन होते हैं, तब शास्त्र मे पूर्णता आने लगती है। घुमक्कड-शास्त्र से घुमक्कडी पन्थ बहुत पुराना है। घुमक्कड़-चर्या मानव के आदिम काल से चली आई है, लेकिन यह शास्त्र जून १९४९ से पहले नहीं लिखा जा सका। किसीने इसके महत्त्व को नही समझा। वैसे धार्मिक घुमक्कडो के पथ-प्रदर्शन के लिए, कितनी ही बातें पहले भी लिखी गई थीं। सबसे प्राचीन संग्रह हमे बौद्धो के प्रातिमोक्ष-सूत्रों के रूप मे मिलता है। उनका ऐतिहासिक महत्व बहुत है और हम कहेंगे कि हरएक घुमक्कड को एक बार उनका पारायण अवश्य करना चाहिए (इन सूत्रो का मैंने विनयपिटक ग्रंथमे अनुवाद कर दिया है)। उनके महत्व को मानते हुए भी मैं नम्रतापूर्वक कहूंगा, कि घुमक्कड़-शास्त्र लिखने का यह पहला उपक्रम है। यदि हमारे पाठक-पाठिकाए चाहते हैं कि इस शास्त्र की त्रुटियां दूर हो जायं, तो वह अवश्य लेखक के पास अपने विचार लिख भेजें। हो सकता है, इस शास्त्र को देखकर इससे भी अच्छा सांगोपांग ग्रन्थ कोई घुमक्कड़ लिख डाले, उसे देखकर इन पंक्तियो के लेखक को बडी प्रसन्नता होगी। इस प्रथम प्रयास का अभिप्राय ही यह है, कि अधिक अनुभव तथा क्षमतावाले विचारक इस विषय को उपेक्षित न करे, और अपनी समर्थ लेखनी को इस पर चलाएं। आने वाली पीढ़ियो में अवश्य कितने ही पुरुष पैदा होंगे, जो अधिक निर्दोष ग्रन्थ की रचना कर सकेंगे। उस वक्त लेखक जैसों को यह जान कर संतोष होगा, कि यह भार अधिक शक्तिशाली कंधो पर पड़ा।

"जयतु जयतु घुमक्कड़-पन्था।"